신약의 교회

The Church of the New Testament

Copyright ⓒ 2011 **Byoung Soo Cho, Prof. Dr. theol.**
Published by Hapdong Theological Seminary Press
610 DongSuwon-Ro, Youngtong-Gu,
Suwon, Kyeonggi-Do, Korea 443-791
Telephone | +82-31-217-0629
Fax | +82-31-212-6204
homepage |www.hapdong.ac.kr
e-mail | press@hapdong.ac.kr

Printed in Korea

신약의 교회

초판 1쇄 인쇄 | 2011년 11월 01일
초판 1쇄 발행 | 2011년 11월 01일

지은이 | 조병수
발행인 | 성주진
펴낸곳 | 합신대학원출판부
주　소 | 443-791 수원시 영통구 동수원로 610
전　화 | (031)217-0629
팩　스 | (031)212-6204
홈페이지 | www.hapdong.ac.kr
출판등록번호 | 제 22-1-1호
출판등록일 | 1987년 11월 16일
인쇄처 | 예원프린팅
총　판 | (주)기독교출판유통(031)906-9191
값 9,500원

ISBN 978-89-97244-00-3 93230
*잘못된 책은 교환해 드립니다

「이 도서의 국립중앙도서관 출판시도서목록(CIP)은 e-CIP홈페이지
(http://www.nl.go.kr/ecip)와 국가자료공동목록시스템(http://www.
nl.go.kr/kolisnet)에서 이용하실 수 있습니다.
(CIP제어번호: CIP2011004090)」

신약의 교회

합신대학원출판부

차례

도입… 9

—

1장 가옥교회에 대한 성경의 증거들 … 17

—

1. 사도행전
1) 팔레스타인에서 초기 기독교의 교회 형태
   (사도행전 1-12장)
2) 이방선교에서 초기 기독교의 교회 형태
   (사도행전 13-28장)

2. 바울서신
1) 로마서
2) 고린도전서
3) 갈라디아서
4) 골로새서
5) 빌레몬서
6) 데살로니가전서
7) 목회서신

3. 히브리서

4. 요한서신

5. 속사도시대

—

2장 초기 기독교 시대의 가옥 구조 … 41

—

1. 로마 가옥의 구조
1) 그리스 가옥의 구조
2) 로마 가옥의 구조
(1) 도무스(domus)
(2) 빌라(villa)
(3) 인술라(insula)

2. 로마 가옥의 구성원

3. 로마 가옥의 역할
(1) 공무집행
(2) 의뢰인 관리
(3) 연회
(4) 종교 활동

—

3장 가옥교회의 구성과 성격 … 71

—

1. 가옥교회의 구성
2. 가옥교회의 성격
1) 집회 형태
2) 손님 접대
3) 종교 집회

4장 초기 기독교가 가옥에서 회집한 이유들 ··· 93

1) 유대교와의 갈등
2) 경제적인 측면
3) 타사회 또는 타종교와의 관계에서
4) 자체적인 의미
(1) 결속성
(2) 개방성
(3) 선교성
(4) 중개성
(5) 계승성

5장 초기 기독교의 가옥교회 이상 ··· 107

1. 공동체 이상의 계승
1) 구약성경의 공동체 이상
2) 예수 그리스도의 공동체 이상
3) 사도교회(초기 기독교)의 공동체 이상

2. 공동체 이상의 실현
1) 개인 신앙 확립
2) 가정복음화
3) 복음전도
4) 교직 체계 성립

결론··· 129

〈표 1〉 사도행전 2:46-47의 구조
〈표 2〉 사도행전 2:42 구조
〈표 3〉 사도행전 20:20 구조
〈표 4〉 가옥의 사회적 구조
〈표 5〉 가옥 구성원의 사회적 구조
〈표 6〉 마태복음 12:46-50 par (필자의 번역)

〈그림 1〉 Olynthos. Block A vii 4 & 6
〈그림 2〉 Olynthos. Villa of Good Fortune
〈그림 3〉 Priene. House 33
〈그림 4〉 Pompeii. House of Sallust
〈그림 5〉 앞뜰 가옥의 원형
〈그림 6〉 Pompeii. House of the Silver Wedding
〈그림 7〉 Pompeii. House of Pansa
〈그림 8〉 Boscoreale. Villa rustica
〈그림 9〉 Pompeii. The Villa of the Mysteries
〈그림 10〉 Ostia. Insula facade
〈그림 11〉 연회실(triclinium)의 전망
〈그림 12〉 1세기 가버나움 베드로의 가옥 전경
〈그림 13〉 4-5세기 가옥의 구조
〈그림 14〉 Anaploga에 소재한 로마식 빌라

초대교회로의 귀환은 현대교회의 끝없는 이상이다. 이런 귀환의 이상 아래 현대교회는 초대교회로 돌아가기 위하여 많은 노력을 기울인다. 그래서 초대교회와 현대교회 사이의 필연적 연관성을 전제로 하여 현대교회를 초대교회화 하려는 시도가 오늘날 여러모로 전개된다. 어느 교회는 "초대교회로 돌아가자"는 표어를 만들어 예배당 입구, 강단 뒷벽, 그 외에도 여러 위치에 다양한 크기와 색깔로 도배하듯이 붙여놓았다. 어느 교회에서는 예배를 시작할 때와 마칠 때 모든 성도들이 "초대교회로 돌아가자"는 구호를 사회자의 선창에 맞추어 손을 높이 쳐들면서 한 목소리로 외친다. 어느 교회는 교회 이름을 아예 "초대교회"라고 붙였다. 이 모든 것은 초대교회로 돌아가고픈 염원을 잘 보여준다. 이것들은 모두 현대교회의 초대교회 실현을 위한 현대교회의 의지이다. 그리고 이것을 시도하는 사람들은 현대교회가 존재해야 할 정당성을 초대교회화 작업에서 찾는다. 이 때문에 오늘날 적지 않은 교회들이 "초대교회로 돌아가자"는 주장을 내세우며, 대부분의 현대교회의 지도자들과 신자들은 초대교회를 지향하고 있다는 주장으로 자신들의 목회와 신앙생활을 정당화한다. 사실 이런 주장은 역사상에 늘 있었다. 초대교회로 돌아가자는 구호는 지금처럼 이전에도 쟁쟁한 목소리를 발했다.

초대교회로의 회귀만이 현대교회의 활로가 된다는 생각 자체가 틀린 것은 아니다. 어느 시대든지 교회의 형태는 성경이 원론적으로 가르치고 있는 교회론에 기반을 두어야 한다는 점에서 초대교회로 돌아가야 한다는 외침은 백번 옳은 주장이다. 특히 신약성경에 진술된 교회의 참된 형태는 모든 시대를 포함하여 우리 시대의 교회가 지향해야 할 원칙적인 모범을 제시한다. 따라서 초대교회로 귀환하려는 몸짓은 정당한 노력임에 틀림없다.

그러나 초대교회로의 귀환이라는 주장에는 최소한 두 가지 문제가 발생한다는 점에 유의해야 한다. 도대체 현대교회가 돌아가려는 '초대교회'는 무엇이며, 도대체 초대교회로 '돌아간다'는 것은 무엇을 의미하는가? 초대교회로 돌아가야 한다는 주장과 함께 바로 떠오르는 이중적 문제는 언뜻 보면 서로 관계가 없는 것처럼 보이지만 결국에는 얽혀있는 것임을 발견하게 된다. 이것은 마치 집으로 돌아간다고 할 때 집에 대한 정의에 따라 귀환의 의미가 달라지며, 역으로 귀환에 대한 정의에 따라 집의 의미가 달라지는 것과 같다. 만일에 집을 물질적인 것으로 생각한다면 돌아간다는 것도 물질적으로 이해되기 쉽지만 이와 달리 귀환을 심리적인 것으로 정의한다면 집도 추상적인 개념으로 이해될 소지가 높다.

　따라서 초대교회로 돌아가려는 추구에서 첫째로 문제가 되는 것은 그 추구의 다양성이다. 도대체 초대교회로 돌아간다는 것은 무엇을 의미하는가? (1) 이것은 초대교회의 방식을 따르기 위하여 현대교회의 현실을 완전히 부정하는 것인가? 다시 말해서 초대교회로의 귀환은 오늘날의 교회가 현대의 모든 문화를 무조건 포기하는 것을 의미하는가? 예를 들면, 현대과학이 제공한 눈부신 기술을 모조리 내던지고 원시적인 상태를 고집하는 것을 가리켜 초대교회적 이상의 실현이라고 말하는 것인가? (2) 아니면 이것은 초대교회의 방식과 현대교회의 현실을 어떤 비유로든지 조화시키는 것을 의미하는가? 초대교회로 돌아간다는 것은 현대의 문화적 혜택을 그대로 유지하면서 초대교회가 시행했던 어떤 방식들 가운데 무엇인가를 부분적으로 취하는 것을 가리키는가? (3) 아니면 이것은 초대교회에서 이상만을 가져오고 방식은 현대교회가 제조하는 것인가? 바꾸어 말하자면, 이것은 초대교회의 이상을 현대교회의 현실에 알맞게 수정하여 변형하는 것을 말하는가? 이것은 내용은 초대교회를, 형식은 현대교회를 지향하는 것을 말하는가(때때로 형식을 초대교회로, 내용을 현대교회로 만드는 역현상이 일어나기도 한다)? 이런 질문에 대답하기 위해서는 사실 더 많은 토론이 필요하다.

　그런데 초대교회로 돌아가려는 추구에는 또 한 가지 중대한 문제가 있다. 그것은 초대교회로의 귀환추구의 다양성이라는 문제와 함께 현대교회가 돌아가려는 초대교회가 도대체 무엇이었느냐 하는 질문이다. 초대교회가 지니고 있었던 형태는 단지 사회학적인 안목으로만 볼 때도 굉장한 복합체이므로 무수히 많은 각도에서 분석해야 할 것이다. 하지만 우리가 초대교회의 형태를 대상으로 하여 특히 접근하려는 각도는 구조 또는 형태에 관한 것이다. 초대교회의 구조/형태는 무엇인가? 이것은 초대교회의 모습에 대한 질문이다. 초대교회는 어떤 형태를 가지고 있었을까? 오늘날 많은 사람들이 유행처럼 초기 기독교에서 교회의 모습은 일반적으로 소위 "가정교회"였을 것이라고 생각한다.[1] 이런 표현이 신약학계의 주목을 끌게 된 데는 시대적인 이유가 있는 것처럼 보인다. 이 주제를 본격적으로 다룬 사람은 필슨(F. V. Filson)이다. 1939년에 필슨이 초기 기독교 가정교회의 의미에 관하여 발표한 짧은 논문[2]은 비록 당시에는 큰 반응을 얻지 못하였지만[3] 이 주제에 관한 논의의 시발점을 놓았다는 것은 부인할 수 없는 사실이다. 필슨이 가정교회에 관심을 가지게 된 이유는 가정교회들의 공헌을 염두에 두지 않고는 사도 교회를 정확하게 이해할 수 없다고 생각했기 때문이다.[4] 그 이후로 가정교회에 관한 관심은 꾸준히 고조되면서[5] 결국 1980년대를 전후로 하여 이 주제는 폭발적인 인기를 끌게 되었다.[6] 클라우크(Klauck)는 이 시기에 가정교회의 주제가 갑자기 붐을 일으키게 된 이유로는 여러 가지 추측이 가능하다고 말하면서 특히 현실적인 문제들, 예를 들면 오늘날의 가정에 대한 염려라든가 새로운 생동력 있는 교회형태에 대한 추구가 중요한 역할을 했을 것이라고 주장한다.[7] 그러나 다른 한편에서 볼 때 신약학계에서 1980년대를 중심으로 초기 기독교에 대한 사회학이 활성화되면서 가정교회에 대한 관심이 더욱 촉진되었을 것이라고 생각하는 것은 잘못된 일이 아니다.[8] 이제는 가정교회에 관한 문헌의 양이 엄청나게 되었다.[9] 이 주제는 신약학계에서 빼놓을 수 없는 중요한 것이 되었다.[10]

그러나 초기 기독교의 교회 형태를 재구성하는 것은 쉬운 일이 아니다. 이 작업을 가능하게 하는 자료는 유일하게 신약성경이 제공하고 있는데, 그 가운데서도 사도행전과 바울서신 그리고 신약성경의 후반부를 차지하고 있는 책들이 가장 생생한 자료를 제공해준다. 하지만 재구성 작업에 어려운 점은 이런 자료들조차도 특정한 경우를 제외하고는 목적 그 자체가 일차적으로 초기형태의 교회 모습을 사료적(史料的)으로 묘사하는 데 있지 않다는 것이다. 초기 기독교의 교회 형태에 관한 대부분의 자료들은 어떤 주요목적(예를 들면 교리와 선교 등등)에 종속하는 이차적인 성격을 지니고 있다. 게다가 이런 자료들에 들어있는 초기 기독교의 교회 형태에 관한 진술들이 기록자의 필요와 수신자의 상황에 따라 기록되었다는 것도 재구성에 난점이 된다. 다시 말하자면 이런 진술들은 대부분 조직적으로 어느 부분에 집중되어 있는 것이 아니라 상황마다 산발적으로 나타난다는 것이다. 이에 더하여 초기 기독교의 교회 형태를 재구성하는 일을 힘겹게 만드는 것은 심지어 이런 진술들까지도 문맥에 필요한 것을 소개하고만 있을 뿐이지 교회 형태에 관한 모든 것을 싣고 있지는 않다는 데 있다. 사실상 초기 기독교의 교회 형태에 관한 자료들은 대부분 부분적인 내용을 담고 있다.

하지만 이런 여러 가지 어려운 문제점들에도 불구하고 초기 기독교의 교회 형태를 재구성하는 것은 매우 필요한 일이다. 사도행전과 바울서신 그리고 신약성경의 후반부에 속한 책들이 내용상 간접적으로라도 교회문제와 상당히 결부되어 있다는 점에서 초기 기독교의 교회 형태를 재구성하는 일에 적지 않은 가능성을 제시한다. 한 마디로 말해서 초기 기독교의 교회 모습을 설명하는 것이 전혀 불가능한 일이 아닌 까닭은 신약성경의 모든 진술의 배경에 교회론이 깔려 있기 때문이라는 것이다.

이 글은 초기 기독교의 한 교회 형태인 가옥교회와 관련된 여러 가지 사항들을 면밀히 살펴보는 것을 목적으로 삼는다. 먼저 사도행전과 서신서들 그리고 속사도 문서에 나오는 가옥교회에 관한 자료들을 수집하여 분석하고, 초기 기독교 당시 그리스-로마 가옥의 구조를 재구성한 결과를 토대로 가옥교회의 구성과 성격을 확인하고, 초기 기독교가 가옥에서 회집한 이유가 무엇인지 고찰하면서 가옥교회의 이상이 무엇이었는지 알아본다. 이 글은 두 가지 유익을 제공할 것이라고 믿는다. 첫째로 이 글로 말미암아 초기 기독교의 교회 현실을 확인하게 될 것이며, 둘째로 이 글은 오늘날의 교회들이 지향해야 할 성경적인 교회관을 설정하는 데 일조를 할 수 있을 것이다. 초기 기독교의 교회 형태를 연구함으로써 부수적으로 얻는 이득은 오늘날 유행하는 소위 "가정교회"를 제대로 평가하는 근거를 마련하는 것이다.

<u>1 장</u>

가옥교회에 대한 성경의 증거들

초기 기독교가 어떤 교회 형태를 가지고 있었는지 살펴보기 위해서는 가장 먼저 신약성경의 자료를 수집하여 분석하는 것이 바람직하다. 초기 기독교 교회의 한 형태가 가옥교회였다는 증거는 신약성경에서 어렵지 않게 발견할 수 있다. 가옥교회는 신약성경이 여러 곳에서 풍성한 자료를 제공하고 다양한 의미를 제시하고 있다는 점에서 1세기동안 그리고 심지어 그 이후 세대에서도 교회 발전에 있어서 중대한 요소였다는 것이 분명하다.[11] 우리는 신약성경에서 성도의 회집이나 개별 그룹 모임을 위하여 능력에 따라 자기의 집을 제공할 준비가 되어 있던 그리고 실제로 제공했던 사람들의 이름이 구별 없이 언급되는 것을 볼 수 있다.[12]

1. 사도행전

사도행전은 초기 기독교의 교회 형태에 관한 역사적인 사실들을 우리에게 상당히 많이 제공하고 있다.[13] 사도행전에 의하면 초기 기독교는 예수 그리스도의 활동과 연속성 속에서 예루살렘 교회에서부터 가옥집회를 매우 중시했던 것처럼 보인다. 사도행전은 처음 부분에서 제자들과 성도들이 "다락"(ὑπερῷον)에서 집회를 했다고 진술하고(행 1:13), 마지막 부분에서 사도 바울이 로마의 셋집(μίσθωμα)에서 집회를 했다고 진술한다(행 28:30). 이 같은 진술은 사도행전 전체를 앞뒤로 막는 것 같은 괄호법

(inclusio)을 이룸으로써 마치 가옥(집)이 없으면 기독교
도 없다는 듯한 인상을 제공한다.[14]

1) 팔레스타인에서 초기 기독교의 교회 형태
   (사도행전 1-12장)

누가는 사도행전에서 초기 기독교의 교회 형태를 진술
하면서 가옥을 기반으로 삼는 교회의 상황을 여러 곳에서
언급한다. 예수 그리스도께서 승천하신 후에 제자들은 감
람산에서 예루살렘으로 돌아와서 한 집의 일부인 "다락"
에 올라갔다(행 1:13). 누가는 이 "다락"을 사도들이 "유
하는"(οὗ ἦσαν καταμένοντες) 곳이라고 묘사함으로써 그들
이 이곳에 상당히 오랫동안 체류했던 것으로 말하고 있
다.[15]

그러나 머지않아 초기 기독교의 집회는 한 집의 일부가
아니라 집 전체를 사용해야 할 정도의 규모로 발전하였
다. 누가는 사도 베드로가 사도보충설교를 할 때 120명의
성도가 모인 것과 오순절에 성령께서 강림하실 때 제자들
이 모인 것을 가리켜 "한 곳에"(ἐπὶ τὸ αὐτό)라는 표현을
사용한다(행 1:15; 2:1). 문맥을 살펴볼 때 분명한 것은
누가가 이 표현을 가지고 의식적으로 초기 기독교의 집회
(곧 한 장소에 모인 그룹이나 전체 공동체)를 가리키고 있
다는 것이다. 어떤 학자는 "한 곳에"(ἐπὶ τὸ αὐτό)라는 표
현이 장소적인 의미를 가지고 있다는 것을 밝히기 위하여

1세기와 2세기의 교부들에게서도 이 표현이 신자들이 모이는 장소(the locale of gathered believers)를 나타내는 데 사용되었다고 주장한다.[16] 이 표현이 건물의 일부가 아니라 전체를 의미한다는 사실은 성령강림의 현상이 "온 집에 가득하였다"(ἐπλήρωσεν ὅλον τὸν οἶκον)는 진술에서 분명하게 드러난다(행 2:2).[17]

아주 처음에는 기독교인들의 가옥 집회가 성전 회집과는 상이한 성격을 가지고 있었던 것으로 보인다. 사도행전에 초기 기독교인들이 성전에서 행한 일과 가옥에서 행한 일이 선명하게 구별되어 진술되고 있기 때문이다. 성전에서와 달리 가옥에서는 주로 식사 교제가 이루어졌던 것 같다. 이것은 사도행전 2:46-47의 구조를 살펴보면 선명하게 드러난다.

〈표 1〉 사도행전 2:46-47의 구조

2개의 분사(46a)	주동사(46b)	2개의 분사(47a)
성전에 모이기를 힘쓰고 (προσκαρτεροῦντες)		하나님을 찬미하며 (αἰνοῦντες)
	음식을 먹고 (μετελάμβανον)	
집에서 떡을 떼며 (κλῶντες)		칭송을 받으니 (ἔχοντες)

첫째로 2개의 분사(προσκαρτεροῦντες, κλῶντες)가 나오고, 다음에 주동사(μετελάμβανον)가 따르고, 마지막 2개의 분사(αἰνοῦντες, ἔχοντες)가 이어진다.

처음 2개의 분사는 장소(성전과 가옥)를 지시하고, 나중 2개의 분사는 하나님과 사람에 대한 태도(찬미와 칭송)를 묘사한다.[18] 이것은 초기 기독교인들이 성전에서 한 일과 가옥에서 한 일이 서로 달랐다는 것을 입증한다. 성전에서의 집회는 모든 신자의 공개적인 모임인 반면에 가옥에서의 집회는 식사교제에 치중해 있었다.

성전의 공개집회에서는 기도와 사도들의 공개적인 가르침이 행해졌을 것이라고 생각된다.[19] 이에 비하여 본절의 주동사인 "음식을 먹었다"(μετελάμβανον)에 의하면 초기 기독교인들에게는 공동식사가 매우 중요했었던 것으로 나타나는데, 이 공동식사는 주로 집에서 떡을 떼는 일로 시행되었던 것이다. 초기 기독교의 집회가 사도들의 가르침(διδαχή), 교제(κοινωνία), 떡을 뗌(κλάσις τοῦ ἄρτου), 기도(προσευχαί)같은 네 가지 요소를 가지고 있었다는 것을 고려할 때(행 2:42), 처음 두 가지(기도와 사도들의 가르침)를 성전집회에 돌린다면, 나머지 두 가지(교제와 떡을 떼는 것)는 가옥집회로 돌릴 수 있을 것이다.

그러나 시간이 경과하면서 초기 기독교에서 가옥집회의 성격은 상당히 변화 또는 발전한 것 같다. 가옥집회에서도 교육이 이루어진 것으로 나타나기 때문이다. 이런 사실은 사도행전 5:42에서 분명하게 엿보인다. 이 구절에서는 가옥이 성전과 마찬가지로 교육(διδάσκειν)과 전도(εὐαγγελίζειν)가 시행된 장소로 소개된다. 이런 이중적인 표현은 사도행전 15:35에도 등장한다. 교육과 전도는 하나의 개념으로서 설교를 가리키는 것이었든지[20] 또는 전도(εὐαγγελίζειν)가 교육(διδάσκειν)을 내용적으로 자세히 규명하는 것이었을 수 있다.[21]

클라우크(Klauck)는 이 구절에서 중심개념들이 다음과 같이 교차대조방식(chiasmus)으로 연결된다고 추정한다.[22] 전도(εὐαγγελιζόμενοι)는 성전집회에 해당하고, 교육(διδάσκοντες)은 가옥집회에 해당한다는 것이다.

성전에 있든지(ἐν τῷ ἱερῷ) ╳ 집에 있든지(κατ' οἶκον)
가르치기(διδάσκοντες) ╳ 전도하기(εὐαγγελιζόμενοι)

그러나 이 구절의 문장구조는 이런 교차대조의 가능성을 배제하고 있다. 오히려 이 구절은 완벽한 대칭구조(symmetry)를 가지고 있기 때문이다. 주동사를 중심으로 앞에는 시간을 가리키는 말과 2개의 장소가 나오고, 뒤에는 두 개의 행위와 내용이 나온다.

〈표 2〉 사도행전 2:42의 구조

시간		날마다 πᾶσαν ἡμέραν	
장소	성전에서 ἐν τῷ ἱερῷ		집에서 κατ' οἶκον
주동사		그치지 아니하니라 οὐκ ἐπαύοντο	
행위	가르치기 διδάσκοντες		전도하기 εὐαγγελιζόμενοι
내용		예수는 그리스도 τὸν χριστὸν	

이것은 가옥집회가 이제 단순히 교제의 차원을 넘어서 교육의 차원으로 전진하였다는 것을 의미한다.

누가는 스데반의 순교사화를 마무리하면서 사도 바울이 회심 전에 기독교를 핍박했던 사건을 압축적으로 묘사한다. 사도 바울은 회심 전에 "교회를 잔멸할 때 각 집마다 다니며 남자들과 여자들을 끌어다가 옥에 가두었다"(행 8:3). 이 구절은 교차대조의 구조가운데 각각 하나의 분사를 지닌 두 개의 동사로 이루어져있다.[23]

첫째로 "교회를 잔멸한 것"($\dot{\epsilon}\lambda$υμαίνετο τὴν ἐκκλησίαν)과 "각 집마다 다닌 것"(κατὰ τοὺς οἴκους εἰσπορευόμενος)이 연결되어 있다. 둘째로 "남자들과 여자들을 끌어간 것"(σύρων ἄνδρας καὶ γυναῖκας)과 "옥에 가둔 것"(παρεδίδου εἰς φυλακήν)이 연결되어 있다. 후자의 경우에서 중요한 것은 남자들과 여자들이 교회의 구성원으로 나란히 등장하고 있다는 것이다. 그러나 이에 관하여 논의하는 것은 잠시 제쳐놓고 먼저 주목해야 할 것이 있다. 그것은 전자의 경우에 나타난 교회와 가정의 관계이다.

이 구절은 초기 기독교가 가정 복음화에 얼마나 주력했는지를 단적으로 보여주고 있을 뿐만 아니라, 초기 기독교의 교회 형태가 가옥을 근거로 하여 형성되어 있었다는 것을 보여주는 중요한 진술이다.[24] 누가는 사도 바울이 회심하기 전에 교회를 박해한 것과 성도들의 각 가옥에 진입한 것을 동일한 문제점으로 제시하고 있다. 문맥을 살펴볼 때, 여기에 언급된 교회는 예루살렘 교회를 가리킨다(행 8:1, "예루살렘에 있는 교회"(τὴν ἐκκλησίαν τὴν ἐν Ἱεροσολύμοις). 예루살렘 교회는 성도의 가옥들을 바탕으로 형성된 가옥교회였던 것이다. 누가에 의하면, 회심 전의 사도 바울은 기독교의 가옥집회를 박멸하는 것이 예루살렘 교회를 박멸하는 지름길이라는 것을 알았던 것이다.

사도행전에 의하면 마가라 하는 요한의 어머니 마리아의 집(οἰκία)은 예루살렘 교회에서 대단히 중요한 역할을 했던 것으로 보인다. 그 집에서 "여러 사람이 모여 기도하였다(οὗ ἦσαν ἱκανοὶ συνηθροισμένοι καὶ προσευχόμενοι)" (행 12:12). 이 구절은 마리아의 집이 두 가지 목적으로 사용되었다는 것을 보여준다. 우선 마리아의 집은 기독교인들이 모이는 집회소로 사용되었다.[25] 여기에 집회를 위하여 사용된 동사 "모이다"(συναθροίζειν)는 누가에게만 나타나는 것으로 특별한 모임을 서술하고자 할 때 사용된다. 누가는 사도행전 19:25에서 아데미 여신의 은감실을 만들던 은장색 데메드리오가 선동하여 모인 특별한 집회를 묘사하기 위하여 이 단어를 다시 한 번 사용한다. 누가복음 24:33에서는 부활하신 예수 그리스도를 만난 제자들의 특별한 모임을 설명하기 위해서 비슷한 용례가 사용된다(συν-없이 단지 ἀθροίζειν으로). 이 집에서 충분한 수의 사람들이 집회할 수 있었던 것은 이 집이 상당한 규모를 지니고 있었다는 사실을 보여준다. 실제로 이 단락이 대문과 여종을 언급하는 것으로부터 이 사실은 분명하게 입증된다.[26] 둘째로 마리아의 집은 기독교인들이 기도

하는 기도처로 사용되었다. 이것은 마리아의 집이 핍박의 시기에 그리스도인들에게 은밀한 예배처소로 제공되었다는 것을 의미한다. 마리아의 집이 은밀한 예배처소였다는 것은 이 단락의 문맥으로부터 쉽게 파악된다. 천사가 길을 안내하였다는 것(10절), 작은 여종이 영접하러 나왔다는 것(13절), 베드로가 경악하는 성도들을 조용히 시켰다는 것(17절), 헤롯이 수색에 실패하였다는 것(19절) 등이다.

마리아의 집은 예루살렘 교회에 속한 여러 가옥교회들 가운데 하나였을 것이다. 헤롯은 예루살렘 교회(ἡ ἐκκλησία, 행 12:1)를 파괴시키기 위하여 야고보를 처형하고(행 12:1), 베드로를 체포하였다(행 12:4). 이때 예루살렘 교회(ἡ ἐκκλησία)는 체포당한 베드로를 위하여 하나님께 간절히 기도하였다(행 12:5). 예루살렘 교회의 기도는 여러 개의 가옥교회에서 행해졌던 것이 틀림없다. 베드로가 천사의 도움으로 해방되어 찾아간 마리아의 집은 분명히 여러 개의 가옥교회들 중에 하나였을 것이다. 이것은 베드로가 마리아의 집에 도착한 후에 자신의 해방에 관하여 "야고보와 형제들에게 전하라 하고 다른 곳으로 갔다"(행 12:17)는 사실로부터 명확하게 알 수 있다. 여기에서 두 가지 점이 돋보인다.

첫째로 다른 가옥교회들이 "야고보와 형제들에게" (Ἰακώβῳ καὶ τοῖς ἀδελφοῖς) 집회장소와 예배처소로 제공되어 있었다는 것이다. 둘째로 베드로가 "다른 곳으로"

(εἰς ἕτερον τόπον) 갔다는 것은 제3의 가옥교회를 의미할 수 있다는 것이다.[27] "누가는 (오순절 후에) 공동체 전체가 한 장소에 회집했다고 생각하지 않는다. 그의 기록이 정확하다고 할 때, 신자의 수는 오순절의 결과로 3000명에 달하였다(행 2:41; 참조. 4:4; 5:14; 6:7). 이렇게 많은 숫자는 신자들이 한 집에 모이지 못하게 만들었을 것이다. 베드로 자신이 마리아의 집에 모인 그룹에게 자신이 해방되었다는 것을 아마도 다른 곳에서 모이고 있는 야고보와 형제들에게 말하라고 지시한 것은 아마도 집회 장소가 여러 곳이었다는 것을 보여준다. 이것은 예루살렘의 초대교회 내에 (잠정적으로나 그 밖에 무엇으로나) 분쟁이 있었다는 것으로 해석해서는 안 된다. 이것으로부터 확실하게 알 수 있는 것은 모든 신자(곧, 공동체 전체)를 한 지붕 아래 모이게 하는 것은 불가능하였다는 사실이다."[28]

2) 이방선교에서 초기 기독교의 교회 형태
   (사도행전 13-28장)

누가는 이방선교에서 가옥교회의 형성을 팔레스타인의 가옥교회보다도 훨씬 더 분명하게 기록한다. 이에 대한 대표적인 예가 루디아의 경우이다.[29] 빌립보에서 사도 바울의 말을 듣고 기독교 신앙에 들어오게 된 루디아는 자신의 가족(οἶκος)과 함께 세례를 받았다(행 16:15). 이어서 루디아는 사도 바울 일행을 자신의 가옥(οἶκος)에 머물도록 강권했다(행 16:15). 이렇게 해서 루디아의 집은 사도들이 빌립보에서 활동하는 동안 거점이 되었고, 나아가 빌립보 초대교회의 본부가 되었으며,[30] 빌립보에서 선교의 중심이 되었던 것이 틀림없다.[31] 이러한 사실은 바울과 실라가 빌립보 감옥에서 나온 후에 "루디아에게 가서 형제들(τοὺς ἀδελφούς)을 보고 위로하였다"(행 16:40)는 말에서 분명하게 입증된다.[32]

사도 바울은 빌립보 감옥의 간수장에게 가족(οἶκος)의 구원에 관해서 말한 후에(행 16:31) "그의 집에 모든 사람에게"(σὺν πᾶσιν τοῖς ἐν τῇ οἰκίᾳ αὐτοῦ) 복음을 전했다(행 16:32). 결국 복음을 받은 빌립보 간수는 사도 바울 일행을 자기의 집(οἶκος)으로 데리고 올라갔다(행 16:34). 이렇게 해서 빌립보 간수의 가옥은 루디아의 가옥과 함께 선교를 위한 또 하나의 근거지가 된 것이다.

누가는 사도 바울이 가옥집회를 중시했다는 것을 증거한다. 사도 바울은 에베소 장로들에 대한 설교(행 20:18-35)에서 자신의 사역을 요약하면서 자신의 목회는 전파(ἀναγγεῖλαι)와 교훈(διδάξαι)이라는 두 가지 방식으로 표현되었다고 말한다(행 20:20). 사도 바울이 거리낌 없이 전파하고 가르친 것은 "유익한 것들"(행 20:20)이었다. 그런데 이 전파와 교훈은 "공중 앞에서나 집에서나"(δημοσίᾳ καὶ κατ᾽ οἴκους) 행해졌다(행 20:20). 클라우크(Klauck)는 이 구절을 다음과 같이 병행법으로 분해한다.[33]

<표 3> 사도행전 20:20 구조

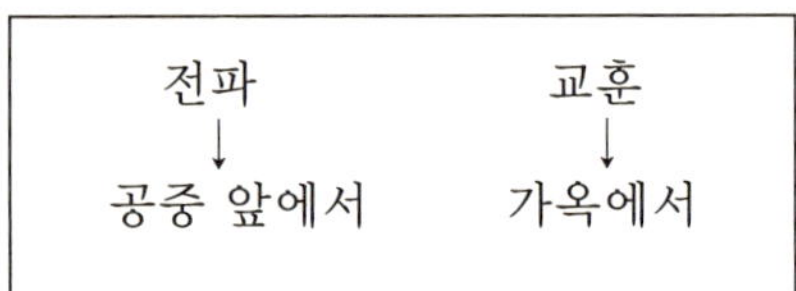

그러나 문장 구조상 본문을 이렇게 읽기는 어렵다. 오히려 이 구절은 장소에 관한 두 진술이 전파와 교훈 양자에 다같이 연결되는 것으로 여기게 만든다. 말하자면 공중 앞에서도 전파와 교훈이 있었고, 가옥에서도 전파와 교훈이 베풀어졌다는 것이다.

이때 "공중 앞에서"는 아마도 전체집회를 의미하는 것이며,[34] "집에서"는 가옥집회를 의미하는 것이다. 그렇다면 사도 바울은 자신의 목회에서 전체집회 뿐 아니라 가옥집회도 대단히 중요하게 여겼다고 결론을 내릴 수 있다.

2. 바울서신

사도행전 못지않게 바울서신도 가옥교회에 관하여 상당히 많은 자료를 제공한다. 이것을 성경의 순서대로 살펴보면 다음과 같다.

1) 로마서

사도 바울은 로마서 16장에서 초기 기독교의 가옥교회

에 관한 중요한 단서를 제공한다. 로마서 16장은 로마에 여러 개의 가옥교회들이 존재했다는 것을 증거한다.[35]

먼저 발신자의 상황에서 볼 때, 사도 바울은 로마서를 기록할 당시에 자신이 최소한 2개 이상의 교회와 연관을 맺고 있다고 말한다.

첫째로 겐그레아 교회이다. 이 교회는 겐그레아 교회의 일꾼으로서 여러 사람과 사도 바울의 보호자가 되었던 집사 뵈배의 집을 거점으로 형성되었을 것이다(롬 16:1-2).[36]

둘째로 고린도 교회이다. 이 교회는 가이오의 집에서 형성되었던 것이 분명하다(롬 16:23). 그래서 가이오는 "온 교회의 식주인"이라고 불린다. 바울의 동역자 디모데를 빼더라도 바울의 친척 누기오, 야손, 소시바더를 비롯하여(롬 16:21), 대서인 더디오(롬 16:22), "이 성의 재무" 에라스도와 형제 구아도(롬 16:23)가 이 교회에서 한 공동체를 이루고 있는 듯이 보인다.

그 외에도 사도 바울은 로마서에서 자신의 주위에 또 다른 교회들이 있다는 것을 명시한다(롬 16:4, "이방인의 모든 교회들"; 롬 16:16, "그리스도의 모든 교회들"). 이것은 사도 바울이 로마서를 쓰고 있던 지역의 가옥교회들을 염두에 둔 것이라고 볼 수 있다.

수신자의 상황에서 볼 때 가옥교회에 관한 증거는 더

욱 확실하게 나타난다. 사도 바울은 로마서 16장에서 "문안하라"는 말을 16번 사용한다(롬 16:3, 5, 6, 7, 8, 9, 10a, 10b, 11a, 11b, 12a, 12b, 13, 14, 15, 16). 사도 바울은 이러한 인사의 말을 가지고 때로는 한 개인에게,[37] 때로는 두 인물에게,[38] 때로는 여러 사람에게[39] 문안을 한다.[40] 그런데 중요한 것은 "문안하라"는 말이 아마도 로마에 있던 여러 작은 교회들을 대상으로 삼고 있는 듯이 보인다는 것이다. 로마에는 여러 개의 작은 교회들이 있었던 것이 틀림없다.[41] 이 사실을 가장 분명하게 입증해주는 것은 다음과 같은 집들이다.

첫째로 브리스가와 아굴라의 가옥에 교회가 있었다(τὴν κατ᾽ οἶκον αὐτῶν ἐκκλησίαν, 롬 16:5). 브리스가와 아굴라는 본래 본도에서 출생하여 로마에 거주하다가 클라우디우스(Claudius) 황제의 추방령에 의해 로마를 떠나 고린도에 체류한 후에(행 18:2) 에베소로 이동하였고(행 18:18f.) 결국은 다시 로마로 돌아간 듯하다. 고린도에서 사도 바울은 초기에 체류와 직업의 문제를 해결하기 위해 사용했던 이 부부의 집에서 고린도의 도시선교를 전개하였고 그로 말미암아 바울과 이 부부를 중심으로 하는 가옥교회가 형성되었다. 사도 바울의 직업은 생계유지를 가능하게 했을 뿐 아니라 그의 선교사업을 열매 맺게 하는 사회적 접촉을 가능하게 만들었던 것이다.[42] 이 부부는 사도 바울과 함께 에베소로 건너가서 또 다시 가옥교회를 설립하였는데(고전 16:19), 여기에서 심지어 아볼로와 같은 인물을 깊은 신앙으로 양육하는 쾌거를 이루었다(행 18:26).[43] 어떤 이들은 브리스가와 아굴라에 대한 인사에 이어 언급된 '에배네도'(롬 16:5)가 이 부부의 일꾼 또는 노예로서 복음을 받아들여 이 부부와 함께 가옥교회의 일원이 되었다고 추정한다. 왜냐하면 이 구절에서 에배네도는 "그리스도를 위한 아시아의 첫 열매($\dot{\alpha}\pi\alpha\rho\chi\dot{\eta}$)"로 소개되고 있기 때문이다.[44] 이것은 가능한 해석이다. 그렇다면 에배네도는 브리스가와 아굴라가 로마로 귀환할 때 동행하였을 것이다(이 때문에 에배네도는 이들과 함께 사도 바울의 로마교회 문안목록에 등장하는 것이다). 브리스가와 아굴라는 로마에 도착하여 새로운 가옥교회를 설립하고 로마방문을 계획하고 있는 사도 바울을 영접할 준비를 했을 것이다.[45] 브리스가와 아굴라는 이 가옥교회를 근거로 하여 두 가지 헌신적인 노력을 기울였던 것으로 보인다. 첫째로 그들은 사도 바울을 위하여 자기들의 목이라도 내놓았고, 둘째로 이방인 교회들이 감사할 정도로 봉사를 하였다(롬 16:4). 이렇게 볼 때 브리스가와 아굴라의 가옥교회는 사도 바울의 선교본부로서 충실한 임무를 감당한 것으로 생각할 수 있다. 여기에서 한 가지 놓쳐서 안될 사실은 사도 바울이 아내 브리스가를 남편 아굴라보다 먼저 언급하는 것으로 보아 그녀가 더욱 뛰어난 활동을 전개했다는 것이다.[46]

둘째로 사도 바울은 "아리스도불로의 권속에게"($\tauο\grave{υ}ς$ $\dot{\epsilon}\kappa$ $\tau\hat{ω}ν$ $᾿Aρισοβούλου$, 롬 16:10b) 문안한다. 아리스도불로

가 헤롯 가문의 일원이라면,[47] 그가 기독교인 노예들을 이끌고 유대로부터 로마에 옴으로써 기독교가 로마에 유입되었을 가능성을 생각해 볼 수 있다.[48] 바로 이어서 언급되는 헤로디온은 유대인으로서(바울의 친척 숭게네스 συγγενής) 아리스토불로의 권속과 모종의 관계가 있었을 것이다(롬 16:11a).

셋째로 사도 바울은 "나깃수의 권속 중에 주 안에 있는 자들"(τοὺς ἐκ τῶν Ναρκίσσου τοὺς ὄντας ἐν κυρίῳ, 롬 16:11b)에게 문안하고 있는데, 이것을 정확하게 설명하자면 나깃수의 사람들 가운데 어떤 사람들이 주님 안에 있게 되었다는 것을 의미한다. 일반적으로 "… 의 사람들" 이라는 표현은 가족 또는 가솔을 가리킨다.

넷째로 아순그리도, 블레곤, 허메, 바드로바, 허마에게는 "그들과 함께 있는 형제들"(οἱ σὺν αὐτοῖς ἀδελφοί, 롬 16:14)이 있었다. 이 이름들 가운데 몇은 신화에 나오는 이름들이다(허메와 허마). 이것은 이 사람들이 노예이거나 노예상태로부터 풀려난 사람들임을 보여준다. 그렇다면 이 교회는 부분적으로 이런 사람들로 구성되어 있었던 것이다.

다섯째로 빌롤로고, 율리아, 네레오, 그의 자매, 올름바를 중심으로 하는 교회가 있었다. 그들에게는 "그들과 함께 있는 모든 성도들"(οἱ σὺν αὐτοῖς πάντες ἅγιοι, 롬 16:15)이 있었기 때문이다.[49] 네레오와 그의 자매가 이 교회에 속했다는 사실로부터 이 교회가 부분적으로 가족들로 구성되었다는 것을 부인할 수 없다. 이것은 만일에 빌롤로고와 율리아가 부부라면 더욱 확실한 일이다.[50]

위에서 살펴본 내용들로부터 몇 가지 중요한 결론을 끄집어 낼 수 있다. 무엇보다도 로마에는 전면에 드러난 가옥교회 지도자들이 있었다는 것이다. 둘째로 이러한 가옥교회 지도자들은 먼저 자신들의 가족을 중심으로 최소 단위의 교회를 이루고 있었다. 이것은 가족교회(family church)이다. 셋째로 이 가족교회에 방문자들과 손님들이 가담하여 가옥교회(house church), 곧 지역교회(local church)가 되었다. 특히 위의 마지막 두 경우를 살펴볼 때 가족교회가 가옥교회, 곧 지역교회로 확대되었다는 사실은 더욱 분명해진다. 아순그리도, 블레곤, 허메, 바드로바, 허마에게는 "그들과 함께 있는 형제들"(롬 16:14)이 있었고, 빌롤로고, 율리아, 네레오, 그의 자매, 올름바는 "그들과 함께 있는 모든 성도들"(롬 16:15)이 있었다. 여기에 언급된 "형제들"(롬 16:14)과 "성도들"(롬 16:15)은 불특정인을 가리키는 표현처럼 보이지만 사실은 분명하게 이름을 제시하고 있는 사람들의 집에 예배하러 모여 가옥교회[지역교회]를 이룬 방문자들과 손님을 의미한다.[51] 이렇게 사도 바울이 중요하게 여기는 로마의 여러 신앙지도자들은 이 사람들과 함께 자신들의 집에 가옥교회를 건설했던 것이다. 이것은 처음에 가족으로 시작된 교회가 지역교회인 가옥교회로 발전하여 성장한 증거를 보여준다. 넷째로 로마에 있는 가족교회들 또는 가족교회들로부터 발전한 가옥교회[지역교회]들은 연합하여 한 도시의 교회(오늘날로 하면 노회)를 이루었다. 이것이 로마교회이다(롬 1:7). 이렇게 로마교회에는 여러 개의 작은 가족교회들 또는 가족교회들로부터 발전한 가옥교회들이 소속되어 있었다.[52]

2) 고린도전서

사도 바울은 고린도전서의 도입 부분에서 분쟁의 소식을 전달해준 "글로에의 사람들"에 관하여 언급한다(고전 1:11). 글로에는 성별이 분명하지 않을 뿐 아니라 그리스도인이었는지도 분명하지 않다. 따라서 글로에의 집이 가옥교회로 사용되었는지는 확실하게 말할 수 없다.

또한 사도 바울은 그리스보와 가이오에게 세례를 주었다는 것을 명시한다(고전 1:14). 사도행전에 의하면 그리스보는 회당장으로서 "그의 온 집과 더불어" 주를 믿었다고 한다(행 18:8). 이것은 그가 자신의 집을 가옥교회로 제공했을 가능성을 보여준다.[53] 가이오는 로마서에서 "온 교회의 식주인"(롬 16:23)으로 소개되었다. 이것은 가옥교회로 사용되는 가이오의 집이 때때로 전체 교회의 회집장소로 제공되었다는 것을 의미한다.[54] 만일에 이런 추측이 옳다면 고린도에는 여러 가옥교회들이 병존했으며 다양한 회집형태가 있었다고 결론을 내리게 된다.[55]

이것은 지역교회가 성장하게 되어 여러 가옥에서 집회를 가지게 되었다는 의미보다는,[56] 여러 가옥교회들이 연합하여 도시교회를 이루게 되었다는 의미이다. 다시 말하자면 가옥교회가 도시교회보다 시간적으로 우선한다는 것이다. 아마도 가옥교회들은 중요한 결정이나 성찬을 위하여 전체 교회의 모임을 가졌을 것이다. 이러한 현상은 고린도전서 14:23에서 잘 드러난다.[57]

고린도전서에서 가옥교회 개념은 스데바나와 관련하여 가장 분명하게 발견된다.[58] 사도 바울은 고린도에서 스데바나의 가족에게 세례를 베풀었다(고전 1:16, "내가 또한 스데바나 집 사람[οἶκον]에게 세례를 주었고"; 참조. 고전 16:15, "스데바나의 집" [οἰκία]).[59] 마찬가지로 아굴라와 브리스길라의 집도 가옥교회로 사용되었다(τῇ κατ᾽ οἶκον αὐτῶν ἐκκλησίᾳ, 고전 16:19).[60]

3) 갈라디아서

사도 바울은 갈라디아 교회에게 자선을 강조하면서 특히 갈라디아서 6:10에서 "믿음의 가족들에게" (τοὺς οἰκείους τῆς πίστεως) 착한 일을 하라고 권면하고 있는데, 이것은 가족교회들을 배려할 것을 말한 것으로 생각할 수 있다.

4) 골로새서

　사도 바울은 골로새서에서 골로새와 라오디게아와 히에라볼리에 기독교인들이 있다는 것을 언급한다(골 4:13,16). 특히 라오디게아에는 최소한 여러 개의 가옥교회가 있었을 것으로 추정된다.[61] 왜냐하면 눔바라는 여성의 집에 있는 교회가 설명되고 있기 때문이다("라오디게아에 있는 형제들과 눔바와 그녀의[αὐτῆς]집에 있는 교회에 문안하고," 골 4:15). 라오디게아 교회는 눔바라는 여성의 가족교회가 확대된 것으로 짐작할 수 있다. 만일 이 구절을 사본읽기에 따라서 "라오디게아에 있는 형제들과 눔바와 그들의[αὐτῶν] 집에 있는 교회" 라고 읽는다면 라오디게아 교회는 형제들의 집을 거점으로 삼은 것이라고 생각하게 된다. 사도 바울이 에베소서와 골로새서에서 가정규칙(Haustafel)을 제시한 것은 가옥교회를 전제로 한 것일 수 있다(엡 5:22-6:9; 골 3:18-4:1). 다시 말하자면 가정규칙은 가옥교회들의 생활과 윤리를 위한 지침이다.[62] 특히 사도 바울이 에베소서에서 남편과 아내의 관계를 그리스도와 교회의 관계로 설명한 것은 가족교회의 정당성을 더욱 확실하게 해준다(엡 5:22-33). [63]

5) 빌레몬서

　빌레몬서에서도 가옥교회가 발견된다. 사도 바울이 문

안하는 동역자 빌레몬과 자매 압비아와 군사된 아킵보가 한 가족이라고 생각할 때, 빌레몬의 집에 있는 교회(몬 2, "네 집에 있는 교회")는 일차적으로 가족교회를 가리킨다. 빌레몬의 가족교회는 "성도들"(몬 5,7)이 가세하여 가옥교회가 되었다. 빌레몬서가 골로새서와 서로 연관되어 있다는 것을 전제로 할 때 골로새 교회는 빌레몬의 가족교회가 확대된 것이라고 추측할 수 있다. [64]

6) 데살로니가전서

사도 바울이 데살로니가전서를 마치면서 "모든 형제에게 이 편지를 읽어 들리라"(살전 5:27)고 권면한 것은 전체집회를 염두에 두었다기보다는 각각의 가옥교회에서 행해지는 집회들을 고려한 것으로 추정할 수 있다. [65]

7) 목회서신

사도 바울이 디모데전서에서 직분자들을 세우는 일과 관련하여 집을 잘 다스리는 것을 조건으로 삼은 것은 가옥교회의 지도를 말하는 것일 수 있다(딤전 3:4,12). 이 때 사도 바울이 감독의 직분을 위하여 "사람이 자기 집을 다스릴 줄 알지 못하면서 어찌 하나님의 교회를 돌아보리요"(딤전 3:5)라고 말한 것은 가옥교회를 지도하지 못하는 사람은 하나님의 교회("하나님의 집," 딤전 3:15)도 지도할 수 없다는 의미로 보아야 한다. 또한 사도 바울이 디모데후서에서 축복했던 오네시보로의 집도 가옥교회의 경우에 속할 것이다(딤후 1:16; 4:19). 특히 사도 바울이 거짓 교사들은 신자들의 집(οἰκία)에 침투하여(딤후 3:6) 신자들의 집(οἶκος)을 전복시킨다(딛 1:11)고 말한 것은 단순히 신자의 가정을 의미한다기보다는 가옥교회를 의미한다고 보아야 한다.

3. 히브리서

히브리서에서 가옥교회에 관한 자료를 찾을 수 있는 가능성은 열어두어야 한다.[66]

4. 요한서신

만일에 요한이서의 수신자인 에클렉타(ἐκλεκτά)를 교회를 상징하는 것으로 보지 않고 실제인물을 가리키는 것으로 이해한다면[67] 자녀들과 함께(요이 1,13절) 이룬 가옥교회를 추정할 수 있을 것이다. 요한삼서에는 발신자인 장로의 교회(요삼 6절) 외에 수신자가 속해있는 교회가 언급된다(요삼 9절).[68] 그런데 후자의 교회는 최소한 두 개의 가옥교회로 구성된 것처럼 보인다. 이 교회에는 장로를 지원하는 가이오(요삼 1절)와 장로를 반대하는 디오드레베(요삼 9절)가 중요한 역할을 점유하고 있었다. 가이오와 디오드레베는 각각 가옥교회의 지도자로서 활약을 했던 것이다. 가이오의 가옥교회에는 데메드리오를 비롯하여 "친구들"(φίλοι)이라고 불리는 신자들이 포함되어 있었고(요삼 15), 디오드레베의 가옥교회에는 "그들"(αὐτῶν)이라는 총칭 하에 디오드레베의 추종자들이 있었다(요삼 9). 그런데 이 두 가옥교회는 장로의 선교정책에 대하여 서로 다른 입장을 취했다.

5. 속사도 시대

가옥교회 (또는 이보다 앞선 형태로서의 가족교회)는 신약성경 직후의 속사도 시대에도 계속되었던 것으로 나타난다. 디다케(Didache)는 기독교의 교사들이 순회하는 중에 어느 가옥에 숙박하게 되었을 때 세례와 성찬을 갖춘 예배를 인도했던 것으로 증거한다(Did 11). 이것은 순회전도자들의 방문을 받는 가정들이 가족교회와 같은 형태를 지니고 있었다는 것을 입증한다. 가족교회 또는 가옥교회의 모습이 이그나티우스의 서신들(IgnSmyr 13:1-2; IgnPol 8:2),[69] 헤르마스의 목자(Sim 5,3,9), 빌립행전(ActPhil 69)에서도 언뜻 발견된다.[70] 저스틴의 순교사에 의하면 2세기경 로마에 가옥교회가 있었다. 저스틴은 모든 성도가 한 장소에 모일 수 없었다고 말하면서 "나는 티미오티니안(Timiotinian) 목욕소 근처의 어떤 마르티누스(Martinus)라는 사람의 위층에 살고 있는데 그의 집 외에 다른 곳에서도 모임이 있다는 것을 알고 있다"(MartJustin 3,3)고 증언한다.[71] 이 말은 로마에 여러 개의 가옥교회가 있었다는 것을 설명한다. 한 고고학 문헌(PsClemRecg 71,2)은 안디옥의 데오필루스(Theolphilus)에 관하여 말하면서 "아주 큰 열정을 가지고 자기 집의 큰 공간을 교회의 이름하에 헌물했다"고 한다. 이 말로부터 예배를 드리도록 자신의 집을 내놓은 경우들을 발견하게 된다. [72]

<u>2 장</u>

초기 기독교 시대의 가옥 구조

신약성경이 전반적으로 보여주고 있는 것처럼 가옥교회는 초기 기독교에서 아주 중요한 교회 형태였다. 이렇게 초기 기독교의 중요한 교회 형태인 가옥교회를 이해하기 위해서는 가옥을 지시하는 두 단어인 오이코스(οἶκος)와 오이키아(οἰκία)의 의미를 살펴볼 필요가 있다. 오이코스와 오이키아는 가옥이라는 기본의미로 가장 많이 사용되었다.[73] 신약성경에서 이 두 단어는 의미에 큰 차이 없이 나란히 사용되었다.[74] 이 두 단어는 대부분 서로 교환적으로 사용될 수 있으며 또한 그렇게 사용되었다.[75] 사도행전의 보고에 따르면, 초기 기독교인들은 개인 가옥에서 집회를 했다. 이 경우에 오이코스와 오이키아는 기독교 공동체의 집회장소를 가리킨다.[76] 초기 기독교가 가옥을 집회장소로 활용한 것은 지역과 상관없는 일반적인 현상이었다. 그래서 신약성경에 언급된 교회들은 가옥이 집회장소로 제공되는 것으로 형성되었다.[77] 즉, 가옥은 초기 기독교의 집회를 위한 근거지였던 것이다. 누가는 사도행전 2:46; 5:42에서 "집에서"(κατ' οἶκον)라는 표현을, 사도행전 8:3; 20:20에서 "집들에서"(κατ[ὰ τοὺς] οἴκους)라는 표현을 전문적으로 사용하여 독자들에게 기독교인들이 "가옥에서" 다시 말해 특정한 개인 가옥에서 집회를하곤 했다는 사실을 알려준다.[78] 여기에서 초기 기독교는 성찬, 기도, 설교, 교육 등을 행했다. 사도행전은 초기 기독교인들의 규칙적인 회집에 관하여 보고한다. 초기 기독교인들이 예배하기 위하여 공동체 지체들의 가옥에서 집회하는 관습은 일반적인 것이었다.[79] 그래서 외견상 초기 기독교의 가장 현저한 특징은 가옥교회라는 형식에 있다. 이것은 "아무개의 가옥에 있는 교회"(ἡ κατ' οἰκὸν τινος ἐκκλησία)라는 어휘에 잘 반영된다. 사도바울은 이 표현을 바울서신에 여러 차례 언급한다(롬 16:5; 고전 16:19; 골 4:15; 몬 2). 가옥교회는 회집 장소로 사용되는 그 가옥의 소유자의 이름이 달려있다.[80] 가옥교회에는 자연히 물리적인 차원에서 가옥, 사회학적인 의미에서 가족, 형이상학적인 개념에서 가정이라는 요소들이 결부될 수밖에 없었다.

1. 로마 가옥의 구조

이와 같은 요소들을 지니고 있는 가옥교회를 이해하기 위해서는 초기 기독교가 자리 잡고 있던 로마 세계를 들여다보아야 한다. 무엇보다도 초기 기독교의 가옥을 로마 세계의 건축물이라는 현장에서 보아야 한다. 이런 의미에서 초기 기독교로부터 비잔틴시대까지의 기독교 건축물을 연구한 크라우트하이머(Krautheimer)가 "기독교 시대의 처음 3세기 동안 두 가지 요소가 기독교의 입장을 결정지었다: 새로운 신앙을 발전시켰다는 것과 주로 후기 로마제국의 사회적, 문화적, 종교적 틀 속에서 그렇게 했다는 것이다. 기독교의 조직과 요구와 심지어 로마와의 갈등은 대체적으로 이 틀에 대한 일치와 반대에 의해서 결정되었다. 우리가 알고 있는 한, 기독교의 건축물은 로마-헬라 세계의 문맥 속에서 이해되어야 한다"[81]고 말한 것은 옳다. 그런데 이것은 초기 기독교의 가옥에만 아니라 가정에도 해당되는 말이다. 이런 의미에서 오지엑(Osiek)은 "우리가 처음 2세기 동안의 기독교인의 가정에 관해서 알 수 있는 것은 기독교인들도 공유했을 것이 분명한 그리스-로마의 가정생활로부터이다"[82]고 말했다. 본 논문은 로마 세계의 가옥 형태와 가정 구조를 살펴봄으로써 초기 기독교의 가옥교회를 이해하는 길목을 열어보려는 데 목적이 있다. 초기 기독교의 집회장소였던 가옥과 그와 결부된 가정을 로마 세계라는 문맥에서 고찰할 때 가옥교회에 대한 이해의 초석을 제시할 수 있을 것이라고 생각하기 때문이다.

1) 그리스 가옥의 구조

로마 가옥에 관해서 말하기 전에 그리스의 가옥을 살펴볼 필요가 있다. 주전 1세기에 비트루비우스(Vitruvius)는 그리스 가옥에는 파스타스(παστάς, pastas)와 프로스타스(προστάς, prostas)라는 두 가지 기본적인 형태가 있다고 말했다(*De architectura*, 6.7.1ff.). [83]

파스타스(pastas)[84] 형태는 짧은 기간 동안 존재했지만 균일하며 단순하다. 파스타스는 페리스타일(περίστυλος, peristyle)을 가진 모습으로 자주 발견된다. 그 고전적인

예는 올린토스(Olynthos)[85](1928–38 발굴)에서 볼 수 있다.[86]

〈그림1〉올린토스. 블럭 A Ⅴⅱ 4 & 6(두 집이 붙은 파스타스)

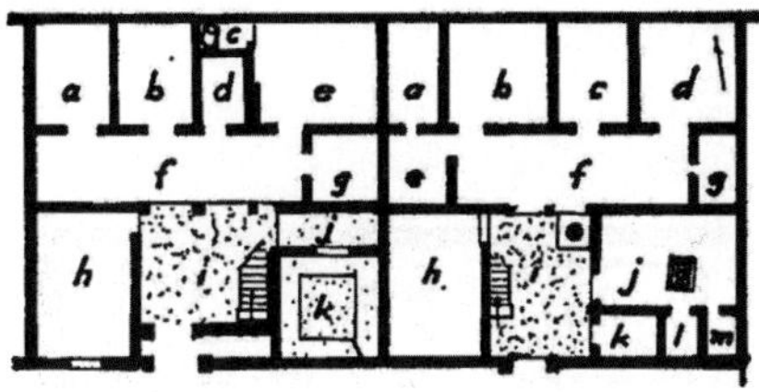

출처: Graham, "Greek House and Roman House," 26

위의 그림에 나타나는 것처럼 파스타스 형태에서는 일렬로 된 방들(a, b, c, d)이 남향을 바라보면서 긴 복도(corridor)를 가지고 있고(f), 그 한 쪽 끝이나 양쪽 끝에는 방(e, g)을 가지고 있다. 복도는 주랑(portico)을 통해 남쪽에 위치한 정원(i)과 연결된다. 정원의 동쪽 면과 서쪽 면에는 방들(h, j, k, l, m)을 가지고 있다. 중심을 잃은 입구는 바로 길거리와 마주친다. 왼쪽 집(A vii 4)에서 g는 창고이고, e는 헛간이며, d는 부엌, c는 욕실, j는 곁방(대기실), k는 공식 식사를 위한 남자 방(ἀνδρών, andron)이다. 위의 파스타스에서 정원은 중요한 요소이며, 특히 넓은 복도 또는 주랑은 매우 특징적이다.

그런데 어떤 경우에는 파스타스에 중요한 변형이 발생하기도 했다. 그것은 아래의 그림이 보여주듯이 정원의 사방에 주랑(portico)이 세워진 것이다. 이렇게 하여 파스타스는 완벽한 페리스타일(peristyle)이 되었다. 물론

이것은 파스타스와 완전히 구분되는 별도의 형태라기보
다는 발전된 형태라고 보는 것이 옳다.[87] 왜냐하면 이미
두 방향이나 세 방향에 주랑을 가지고 있는 파스타스가
다수 발견되었기 때문이다.

〈그림 2〉 Olynthos. Villa of Good Fortune

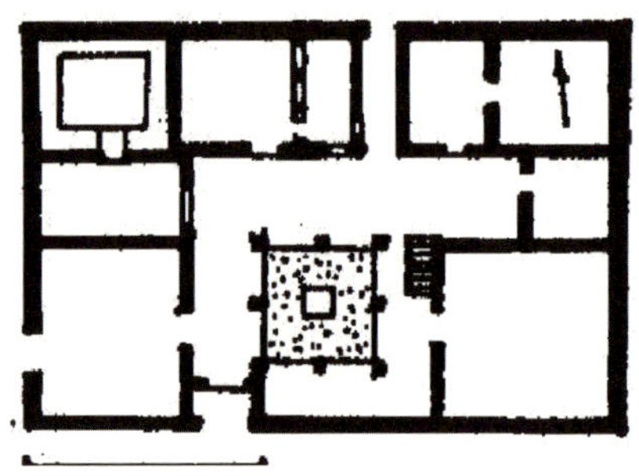

출처: Graham, "Greek House and Roman House," 26

프로스타스(prostas)[88] 형태는 소아시아의 프리에네
(Priene)[89]에서 대표적인 사례가 발견되었다(주전 4세
기 말). 아래의 그림 3에서 보듯이 프로스타스 형태는 아
직 완벽한 페리스타일로 발전하지 않은 정원을 가지고 있
다. 통상적으로 정원의 북쪽에 주랑 복도가 없는 네 개의
방들이 자리 잡고 있는데, 일렬로 나란히 위치한 파스타
스의 방식과는 달리 복합적인 덩어리를 이루고 있다.[90] 이
형태에서는 외쿠스(oecus, οἶκος)가 지배적인 역할을 하
며, 그 앞에 대기실 기능을 하는 기둥식의 현관인 프로스
타스가 있다. 이 방은 너비보다 깊이가 작은 방이 정원을
향해 완전히 열려있고, 이 방의 앞쪽 양 끝에 각각 벽기둥

(anta)이 있고 그 사이에는 두 개의 기둥이 세워져 있다. 이 방의 뒤쪽 문은 같은 너비의 또 다른 방으로 연결된다. 그 방은 너비보다 깊이가 조금 더 큰 데 이 집의 안방이라고 할 수 있다. 이 두 방은 마치 현관을 가지고 있는 메가론(megaron)[91]과 비슷하다. 그것으로부터 옆방으로 들어갈 수 있다. [92]

〈그림 3〉 Priene. House 33

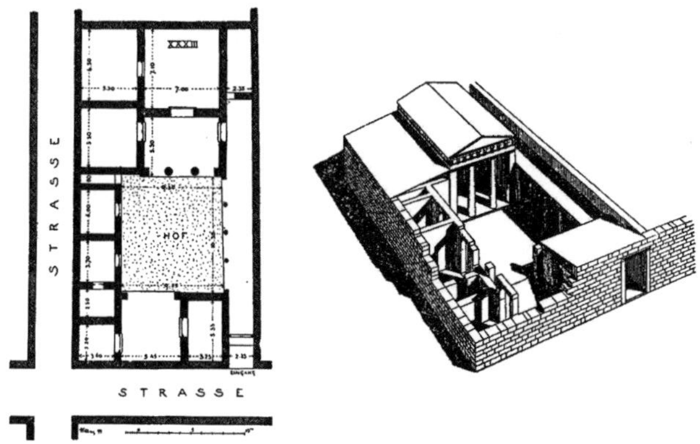

출처: Roberston, Greek and Roman Architecture, 299, 300(T. Wiegand & H.Schrader, Priene, Berlin 1904 자료)

2) 로마 가옥의 구조

이제 로마의 가옥에 관해서 살펴보자. 로마의 가옥은 폼페이(Pompeii), 헤르쿨라네움(Herculaneum), 오스티아(Ostia) 등 여러 곳에서 발굴된 형태들을 근거로 해서 도무스(domus), 빌라(villa), 인술라(insula)로 분류

할 수 있다.[93]

(1) 도무스(domus)

도무스에서 초기부터 나타나는 가장 큰 특징은 앞뜰(atrium) 구조이다.[94] 이것은 도무스의 주요 공간이다.[95] 로마 가옥은 대체적으로 남북으로 길고 곧은 세로축을 중심으로 좌우대칭을 이루는 형태를 가진다.[96] 또한 앞뜰이라고 부르는 중앙 공간을 둘러싸고 있는 방들도 세로축을 기준으로 좌우대칭으로 위치한다. 비트리비우스(Vitrivius)에 의하면 이런 형태는 그리스인들에게는 알려지지 않은 것이었다.[97]

도무스는 양쪽에 있는 옆집들과 경계벽을 가지고 있고 뒤편은 울타리로 막혀있으며 길 쪽에는 밖으로 연결되는 출입구가 위치한다.[98] 도무스의 내부를 살펴보면 입구에 길고 좁은 통로(fauces)가 있고, 널찍한 직사각형의 공간인 앞뜰은 치솟은 뚫린 천장에서 빛을 받아들인다.

앞뜰 한 가운데는 테두리를 돌로 만든 빗물받이 웅덩이(impluvium)가 천장과 같은 크기로 자리 잡고 있는데 빗물을 받아들여 수로를 통해 그 아래 위치한 저수지로 모은다. 앞뜰의 뒤쪽 구석 다시 말해서 거실(tablinum)의 양쪽 앞에는 두 개의 깊은 날개 공간(ala)이 확장되어 있었다. 그것들은 아마도 초기에 두 가지 기능을 가지고 있었을 것이다.

첫째로 날개 공간은 때때로 창문을 통해서 중앙 공간인 앞뜰로 빛을 끌어들였으며, 둘째로 의뢰인(client)들이 집주인을 만나러 영접실로 들어가기 전에 대기하는 기능을 했다.[99] 날개 공간 뒤로 집주인과 가족을 위한 거실(tablinum)은 앞쪽으로는 앞뜰을 향해 열려 있고, 뒤쪽으로는 복도를 가진 정원(hortus)을 향해 큰 문을 가지고 있다. 거실은 그리스 가옥의 프로스타스를 연상시킨다.[100] 그것은 앞뜰과 똑같은 넓이로 열려있는데 그 양쪽 끝에는 벽기둥이 서 있다. 거실의 오른쪽 또는 왼쪽에 위치한 복도는 앞뜰을 뒤편 정원으로 연결시킨다. 그 복도는 안드론(andron)이라고 불린다.[101] 건축학적으로 볼 때 거실은 앞뜰 복합구조에서 가장 인상적인 공간이다. 그것은 본래 집주인의 침실이었지만 나중에는 가족의 역사나 개인 서류를 보관하는 문서실 또는 서책 보관소로 사용되었다. 이 거실은 앞뜰-페리스타일(atrium-perstyle) 형태의 가옥이 존속하는 동안 중요성을 계속 유지했다.[102] 이런 가옥구조는 아래 그림에서 보듯이 Pompeii의 "살루스트의 집"(House of Sallust)에서 명확하게 드러난다.[103]

<그림 4> Pompeii. House of Sallust

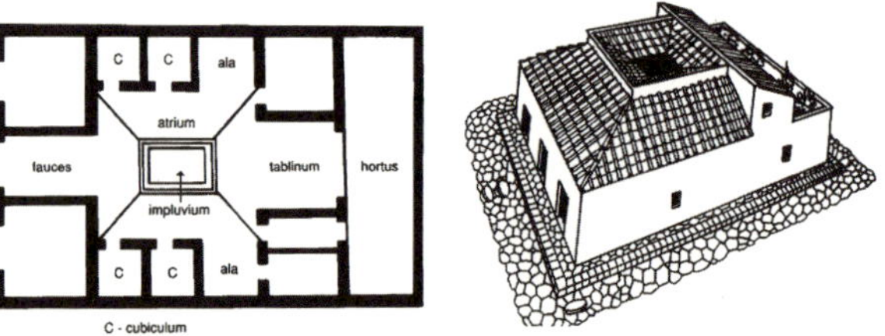

출처: Clarke, The Houses of Roman Italy, 3 (Domus Italica, reconstruction, Luckenbach. L. Crema, fig. 95, 97)

　로마의 앞뜰 가옥은 본래 농가의 한 형태가 발전한 것이라는 이론이 있다.[104] 아래의 그림이 보여주듯이 이것은 거실(a)을 중심으로 양쪽 편에 조금 작은 방들이 딸려 있고 남쪽으로는 농원(i)을 향해 개방되어 있다. 그 농원의 양옆으로 헛간과 같은 다른 방들이 줄지어 있다. 안방과 농원 사이에는 사람이 오갈 수 있는 공간(ff)이 있다.

<그림 5> 앞뜰 가옥의 원형

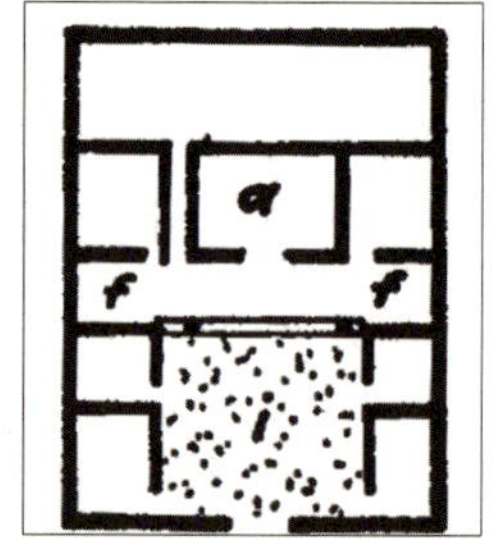
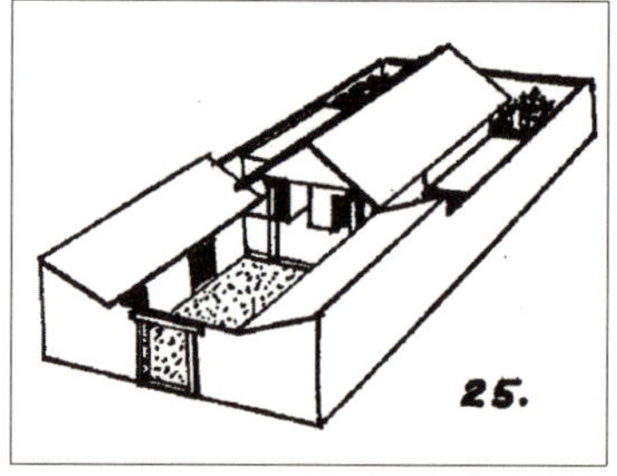

출처: Graham, "Greek House and Roman House," 27 (Patroni)

　이런 농촌의 가옥 형태가 약간의 불가피한 변경을 겪으

면서 도시로 이동했다고 볼 수 있다. 도시에서는 정원의 동쪽 구석과 서쪽 구석에 있는 공간(ff)은 허드레 물건들을 보관하는 장소(alae)로 퇴화했을 것이다.[105] 농가의 넓은 뜰은 도시의 공간적 제약 때문에 상당히 축소되고[106] 그 느슨한 구조는 점차적으로 집약적인 완전한 모습으로 강화되면서 종종 주랑이 첨가 되었을 것이다.[107] 또한 앞뜰 구조의 가옥은 발전 과정의 최종 단계에서 특별히 엄격한 축을 중심으로 하는 대칭구조를 가지게 되었을 것이다.[108]

주전 2세기부터는 로마 가옥의 앞뜰 형태에 뒤쪽으로는 그리스 가옥의 페리스타일이 더해지는 현상이 나타난다.[109] 이것은 앞뜰이 페리스타일의 영향 아래 점차적으로 수정되었다는 것을 의미한다.[110] 폼페이(Pompeii)에서는 페리스타일 정원이 앞뜰과 결합하면서 폼페이 가옥의 중요한 요소가 되었다.[111] 거실의 한쪽에 있는 통로가 앞뜰을 페리스타일과 연결시킨다. 비트루비우스(Vitruvius)에 의하면 이 통로는 안드론(andron)이라고 불리었다. 실제로 그가 의미한 것은 두 개의 페리스타일 사이에 있는 통로를 가리키는 것이었다. 통상적으로 중요한 공간들은 여전히 앞뜰 주위에 있는 것처럼 보인다. 페리스타일은 부분적으로는 여러 개의 방들로 둘러싸여 있음에도 불구하고 아마도 주로 정원으로 사용되었을 것이다.[112] 앞뜰 형태의 가옥에 이와 같은 변형이 발생한 데는 여러 가지 이유가 있다.

무엇보다도 앞뜰 형태에 변형이 발생한 이유는 수도시

설 때문이었다. 비트루비우스(Vitruvius)를 비롯한 로마
의 저술가들은 로마 가옥의 물리적이며 기능적인 구조가
어떤 모델에 아주 강하게 의존하고 있다는 증거를 보여
준다. 이런 현상은 특히 폼페이(Pompeii)에서 잘 나타난
다. 그러나 빗물 저장소나 우물에 의존하던 가옥은 수도
가 도입되면서 보편성을 상실했다. 그러다 보니 빗물받이
(impluvia)는 연못으로 변형되었고 그 주위에는 조각품
들이 증가하게 되었다.[113] 처음에 폼페이에서 페리스타일
과 아트리움 사이에는 건축술과 기능에 분명한 차이가 있
었다. 페리스타일은 낮은 주랑과 격식에 매이지 않은 방
들로 둘러싸인 노출된 큰 정원으로 이루어졌다. 반면에
앞뜰은 천장이 높이 치솟은 공간으로서 천정에 큰 구멍
을 내서 빛을 받아들이고 빗물을 물웅덩이에 받아들여 가
족용 저수지로 들어가게 한다.[114] 앞뜰은 여러 세기 동안
동일한 형태와 목적을 지녔음에도 불구하고 집이 새로 건
축되거나 재건축되는 경우에는 자연스럽게 페리스타일
형태로 나아가는 경향을 띠게 되었고, 도시의 효과적인
수도시설이 저수지를 무용지물로 만들어버리면서 심지어
물웅덩이도 규모가 축소되고 장식용 수반(水盤)으로 변형
되었다.[115] 물웅덩이를 제거한 공간에는 연못과 온실이
들어서게 되었고 점점 더 페리스타일을 닮아갔다. 그러나
중심축과 중요한 축이 되는 주요 공간은 유지하려는 강한
경향을 보여주었다.

둘째로 앞뜰 형태에 페리스타일이 더해진 까닭은

가옥 안에 더 많은 공간을 확보하기 위해서였다. 로마가 강성해지면서 부유한 로마인들은 앞뜰이 가장(paterfamilias)의 의뢰인들(clientes)에게 더욱 많이 사용되자 그들의 가옥에 더 많은 공간을 확보해야 할 필요성을 느끼기 시작했다.[116] 도무스에 페리스타일을 첨가하여 확장하는 것은 의뢰인들의 거처를 해결하는 데 도움을 주었다. 부유한 로마인에게는 가족들과 밀접한 관계 속에서 일종의 계급구조로 존재하는 의뢰인들이 있었다. 그 가운데 노예들은 어디에나 존재했는데 대표적으로 가장 가까이 존재하는 노예들은 침실 문 앞에서 매트리스를 깔고 자는 침실 지킴이(cubicularii)와 같은 노예들이었다.[117] 그 다음에는 요리사, 간호원, 비서, 서기, 문지기를 꼽을 수 있다. 그들은 때때로 문이나 칸막이와 같은 기능을 하면서 가족과 방문객 사이에서 살아있는 완충장치 역할을 했다. 그런데 좋은 주택에서는 이들이 사용하는 구역이 눈앞에서 보이지 않아야 했었다.[118] 노예를 소유하는 사회에서 지배적인 요구 가운데 하나는 한 주택 안에 주인의 영역과 노예의 영역이 적절하게 구분되어야 한다는 것이다.[119]

더 나아가서 사생활을 확립하기 위한 목적도 앞뜰이 페리스타일로 변형된 이유들 가운데 하나이다. 페리스타일은 사생활에 아주 유익했다.[120] 주간 생활을 위해서 그리스인들의 거주지가 보여주는 흥거운 주랑 정원은 아주 매력적이었다. 그래서 로마인들은 앞뜰 구조의 뒤편에 주랑 정원을 덧붙이면서 주랑 정원에는 석상들과 연못을 만들고, 둘러가면서 여가와 편의를 위한 방들을 만들었다.[121] 아래의 두 그림을 참조하라.

〈그림 6〉 Pompeii. House of the Silver Wedding

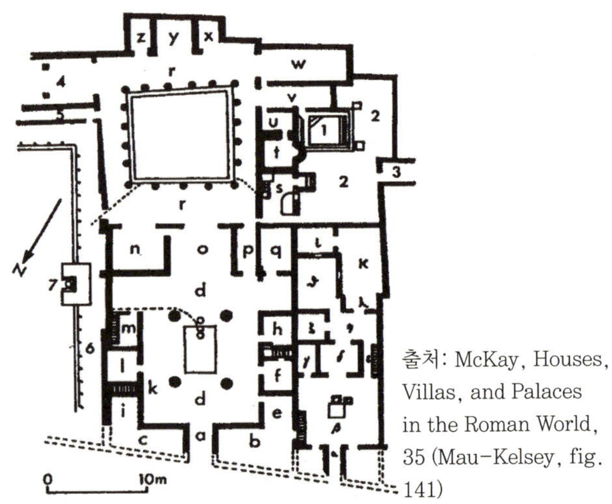

출처: McKay, Houses, Villas, and Palaces in the Roman World, 35 (Mau-Kelsey, fig. 141)

a 입구(fauces), d 네 기둥 앞뜰(tetrastyle atrium), n 식당, o 거실(tablinum), p 남자 방(andron), r 페리스타일(peristyle), s 주방 t-v 욕실(t caldarium 증기욕실, u tepidarium 온방, v apodyterium 탈의실), w 여름 식당, y 반원형 또는 직사각형 구석 공간, x,z 침실, 1 옥외 수영장, 2 소규모 정원, 3 옆집이나 옆길로 가는 복도, 4 외쿠스(oecus), 5 복도, 6 정원, 7 옥외 연회실(triclinium)

<그림 7> Pompeii. House of Pansa

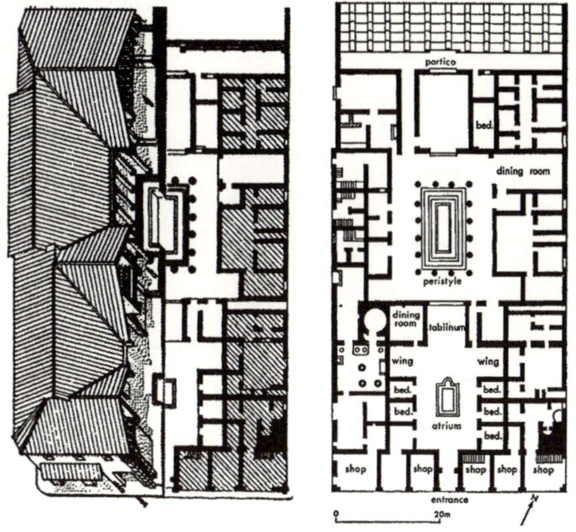

출처: McKay, Houses, Villas, and Palaces in the Roman World, 33, 42

(2) 빌라(villa)

로마 가옥 형태에서 빌라[122]는 공화국 마지막 세기와 제국 처음 세기에 나타나는 현상으로서 어느 시점에 개발된 건축물이 아니라 넓은 사회와 경제 발전의 일부로 점차적으로 발전된 건축물이다.[123] 빌라는 농촌에 있는 한 공간으로 보통 농사와 연관이 있는 단독주택이었다.[124] 다시 말해서 빌라는 농촌현상이지 도시현상이 아니다. 실제로 '빌라에 (산다)'는 말은 때때로 거의 '시골에 (산다)'는 의미로 사용되었다.[125] 그래서 농촌의 단순함과 고요

함은 많은 연설가들과 시인들의 입에 오르내리는 말이 되었다.[126] 그러나 시간이 갈수록 빌라는 사치와 휴양을 위한 가옥이라는 개념으로 발전하였고[127] 후에는 아예 부자들의 별장이라는 개념을 가지게 되었다.[128]

로마 빌라는 양태와 위치에 따라 다음과 같이 세 가지로 구분된다: 농가 형태(rustic), 도시주변 형태(suburban), 해변 형태(maritime).[129]

로마 빌라의 첫째 형태는 농가 빌라(villa rustica)이다. 이것은 아래에서 Boscoreale 농가 빌라[130]의 그림이 분명하게 보여주듯이 근본적으로 농업을 위한 건축물로써 거기에는 농사에 필요한 공간들이 많이 배치되어 있었다.

〈그림 8〉 Boscoreale. Villa rustica

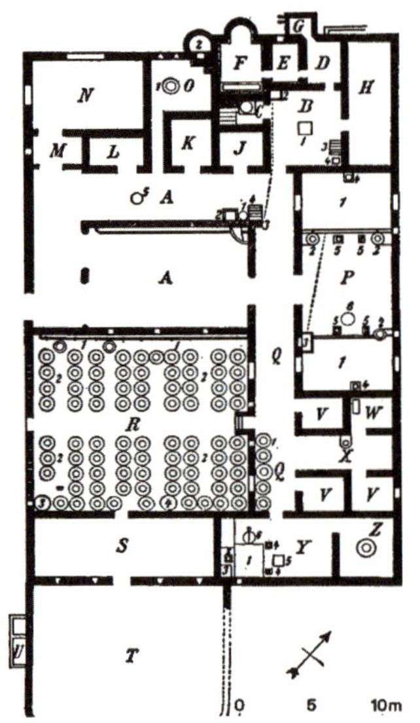

출처: McKay, Villas, and Palaces in the Roman World, 107

> A 농가의 구내 뜰[삼면으로 주랑으로 둘러싸임,
> 남서쪽 구석에 입구](1과 5 수조, 2 대야, 3 욕실
> 과 마구간에 물을 제공하는 수로 4 계단), B 주방,
> C-F 목욕시설(C 화덕, D apodyterium 탈의실, E
> tepidarium 온방, F caldarium 증기욕실), G 화장
> 실, H 마구간, J 공구실, K L 침실, M 작은 방, N
> 식당, O 제빵소, P 포도즙틀 실, Q 복도, R 포도주
> 발효실, S 헛간, T 타작실, U 수조, V 침실, W 지하
> 실 통로, X 손 맷돌, Y Z 기름틀 실

둘째로 로마 빌라 형태에는 도시근교 빌라(villa
suburbana)가 있다.[131] 도시근교 빌라는 도시의 인구
증가 압박을 해결하고 경제적인 안정을 도모하려는 해
결책으로 나온 것이다.[132] 이것은 농가 빌라보다 섬세하
게 발전된 것이다.[133] 도시근교 빌라는 통상적으로 앞뜰
(atrium)이 생략되거나 수정된 형태를 보유하고 있다. 이
빌라의 핵심은 일반적으로 큰 페리스타일 정원인데, 종종
그 주위에 중요한 공간들이 격식 없이 아무렇게나 그룹을
짓고 있다.[134] 비트루비우스(Vitruvius)의 설명에 의하면
도시근교 빌라는 도시의 페리스타일을 가진 가옥의 통상
적인 순서를 뒤바꾸어놓았다(De architectura, 6.5.3.).
그래서 거실(tablinum)에서 넓은 창문을 통해 조망을 즐
길 수 있도록 했다.[135] Herculaneum 근처에 있는 유명
한 Villa of the Papyri(주전 1세기)를 보면 퇴화한 앞뜰

과 정사각형의 페리스타일과 큰 직사각형의 페리스타일 정원을 가지고 있다. 이런 페리스타일 빌라에는 정교한 입구와 주랑으로 외면을 강조하려는 경향이 있다.

셋째로 해변 빌라(villae maritimae)는 로마 빌라의 색다른 특징을 지닌다.[136] 해변 빌라는 햇빛을 많이 받고 장엄한 조망을 가진 바닷가에 건축되었다. 이것은 휴양과 사치를 위한 목적을 가지고 있었다. 해변 빌라는 Campania 해안과 Latium 해안에서 특히 많이 발견된다. 해변 빌라는 페리스타일 구조와 주랑 복도 구조(porticus)라는 두 가지 기본 구조를 가지고 있다.[137] 페리스타일 빌라는 헬레니즘 궁전의 후손으로 본래 앞뜰(atrium) 가옥 형태에 페리스타일을 가미한 것이다. 이 빌라는 경사진 언덕에 세워졌는데 멋진 바다 풍경을 가지고 있다. 대표적으로 Pompeii에 있는 Villa of the Mysteries가 그것이다(아래 그림).[138]

〈그림 9〉 Pompeii. The Villa of the Mysteries

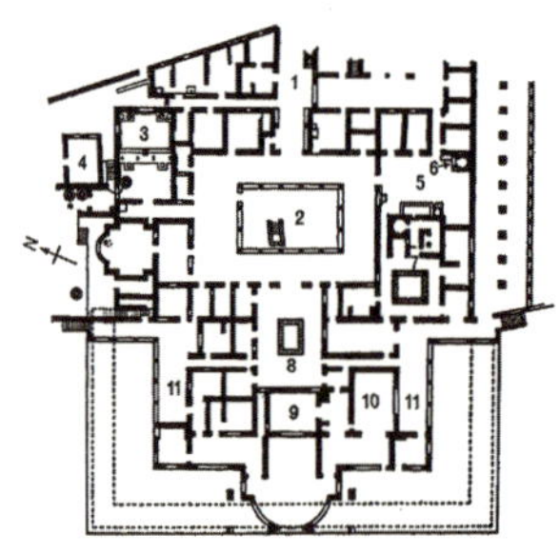

출처: McKay, Villas, and Palaces in the Roman World, 109, 110

주랑 복도 빌라(porticus villa)는 해안을 바라보면서 일
련의 방들이 배치되는데 안쪽으로 해안선과 병행하여
복도가 형성되어 있다. 대표적인 예는 Capri 섬에 있는
Villa of Damecuta이다.[139)

(3) 인술라(insula)

위에서 살펴본 바와 같이 도무스는 공간을 남용한다는
문제와 부유층에 제한된다는 문제를 가지고 있었다. 앞
뜰이나 페리스타일은 둘 다 공간을 너무 낭비하는 것이었
다. 그것은 공간에 여유가 있고 땅값이 저렴한 시골에나
어울렸다. 대도시에서는 아주 부유한 사람들을 제외하고
대부분의 사람들에게 필요한 것은 빛과 공기를 받아들이
기에 필요한 정도의 지붕 외에는 공간을 최소화시키는 것
이었다.[140) 일반인들(communi fortuna)은 장엄한 현관
(vestibula)이나 거실, 앞뜰을 가질 필요가 없었다.[141) 게
다가 로마는 인구가 점차 증가하면서 새로운 가옥 형태가
불가피했다. 이 문제에 대하여 빌라는 부분적으로는 도움
이 되었지만 근본적으로 적합한 해결책이 아니었다. 로마
의 도시 인구증가를 해결하기 위한 가장 만족스럽고 독특
한 해결책은 1세기에 들어서면서 펼쳐졌다.[142) 결국 로마
의 가옥은 전통적인 2층 구조의 한계를 넘어서면서 똑같
은 구조를 가진 4층 또는 5층의 인술라(insula)를 만들어
내게 하는 계기가 되었다.[143) 대체로 인술라는 개별적으

로 거주할 수 있는 여러 개의 아파트로 구분되는 크고 높은 건축물로 정의된다.[144]

　　인술라의 기원에 관해서는 뜨거운 논쟁이 계속되었는데[145] 최근에는 인술라를 로마의 고유한 건축물로 인정하는 경향이 높다. 이렇게 고층 건물이 발달하는 데 결정적인 역할을 한 요소는 콘크리트(opus caementicum)였다. 콘크리트가 처음에는 캄파니아(Campania)에서 개발되어 사용되었지만 즉시 개량되면서 주전 2세기에는 로마에서 일반적으로 사용되었다. 로마제국의 전성기 동안 보급 도시였던 오스티아(Ostia)는 인술라로 뒤덮여 있었다.[146] 콘크리트의 발견은 저렴한 건축 재료를 공급해주었을 뿐 아니라 새로운 건축 양식으로 급증하는 인구문제를 해결할 수 있게 해주었다.[147] 콘크리트 위에 벽돌로 앞면을 치장하고 둥근 지지대와 덮개 구조를 가진 다층, 다가구의 아파트형 가옥인 인술라가 도무스를 대신하였다. 5층까지 올라가는 아파트 빌딩이 도입되면서 다수가 거주하는 로마 도시들의 가옥이 수평적인 방식 대신 수직적인 방식으로 확장된 것이다.[148] 그러나 인술라는 많은 경우에 약지반과 날림공사에 따르는 붕괴, 화재의 위험성, 그 외에 이웃관계에서 오는 내부적 문제점들과 같은 단점을 가지고 있었다. 이 때문에 비트리비우스(Vitrivius)도 인술라에 대하여 회의적이었다.[149]

　　도무스에서 인술라로 변화할 때 몇 가지 요소는 사라지고 몇 가지 요소는 남았다.[150] 도무스의 시선축

(visual axis), 다양한 천장높이, 물받이 개방 천장
(compluvium)과 페리스타일을 통해 채광하는 구조
는 사라졌다. 그러나 인술라에 두 가지 요소는 살아남
았다. 공간들의 계급적 구조와 "출입 체험"(entrance
experience)이었다. 공간적 계급구조는 도무스에서 가장
중요한 공간으로부터 가장 중요하지 않은 공간까지를 구
분하는 구조를 말하는데 그것은 인술라에서도 살아남았
다. 모자이크 바닥, 칠을 하거나 벽토를 바른 벽 그리고
천장은 각 방의 중요성을 표시하는 데 중요한 역할을 했
다. 출입 체험이란 인술라를 방문하는 사람들이 어느 위
치와 어떤 규모의 공간에서 기다리느냐에 따라서 면담의
순서가 결정된다는 것이다.

〈그림 10〉 Ostia. Insula facade, ground floor thermopolium

출처: McKay, Villas, and Palaces in the Roman World, 90 (reconstruction,
Böetius & Ward-Perkins, fig. 111)

2. 로마 가옥의 구성원

먼저 로마 세계에서 가옥에는 어떤 사람들이 관련되어 있었는지 살펴보자. 로마의 가옥 구성원은 로마의 사법(Privatrecht)에 근거해서 다음과 같이 살펴볼 수 있다. [151]

로마의 가옥 구성원도 그리스의 경우와 유사하다. [152] 로마 법에 의하면 도무스(domus)의 구성원과 파밀리아(familia)의 구성원에는 차이가 난다. 도무스는 혈연 가족에 국한된다(streng genealogisch-verwandtschaftlich). [153] 여기에서 법적 수행이 가능한 성인이 중요한 위치를 차지하기 때문에 어린이는 제외된다. [154] 파밀리아는 그리스의 오이키아와 비슷하게 법정 가족 개념에 속한다. [155] "파밀리아(familia)라는 단어는 법적 용어로써 사람과 사물을 포함하는 가사 전체를 의미한다. 좁은 의미로는 한편으로 자유인을 가리키며, 다른 한편으로 그에게 속한 재산(노예를 포함하여)을 가리킨다. 조금 더 좁은 의미로는 자유가 없는 하인을 가리킨다." [156] 파밀리아는 가장(paterfamilias)의 통솔 아래 있는 모든 것을 가리킨다고 한다. [157] 율피안(Ulpian)은 도무스와 파밀리아의 개념을 간단하게 정의했다(lib. 46. ad edictum): 파밀리아는 혼합된 것이며 도무스는 통일된 것이다(commixta familia et una domus est). 파밀리아는 사람과 사물이 합해진 다차원적인 덩어리(eine

vielschichtige Grö ß e sachlich-personaler Art)를 가
리키는 반면에, 도무스는 사람들의 혈연 관계라는 통일
체(genealogisch-verwandtschaftliche Einheit von
Personen)를 가리킨다. [158]이런 점에서 도무스(domus,
Haus)는 혈족(gens, Geschlecht)과 비슷한 개념이다.

그러나 이와 같은 사법적인 정의에도 불구하고 실제 생
활에서는 가옥을 중심으로 혈연 관계와 법정관계가 혼합
적으로 나타난다. 왈레이스-하드릴(Wallace-Hadrill)은
로마 가옥의 사회적 구조를 분석하면서 로마 가옥은 두
쌍의 대조적인 공간구조를 가지고 있었다고 말한다. [159]
그것은 공적인(public) 공간과 사적인(private) 공간, 그
리고 높은 공간(grand)과 낮은 공간(humble)이다. 이 두
쌍의 공간구조는 다음과 같이 조합을 이룬다.

〈표 4〉 가옥의 사회적 구조

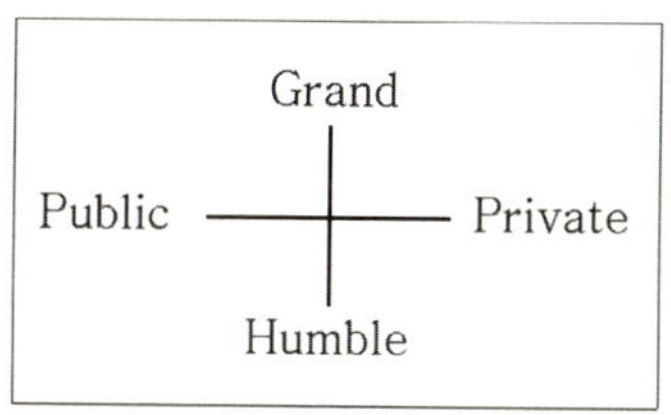

공적이며 높은 공간에는 집정관의 앞뜰이 속한다. 연회
실(triclinium)과 침실(cubiculum)은 사적이며 높은 공
간이다. 공적이며 낮은 공간은 상점, 세면소/화장실, 복
도 따위이다. 노예의 침실, 농부의 창고는 사적이며 낮은

공간에 속한다. 왈레이스-하드릴(Wallace-Hadrill)은
로마 가옥의 이와 같은 공간 구분이 로마의 사회구조에서
나온 직접적인 산물이라고 생각하기 때문에[160] 인간관계
도 가옥의 공간 구분을 바탕으로 해서 다음과 같이 구분
한다.[161]

<표 5> 가옥 구성원의 사회적 구조

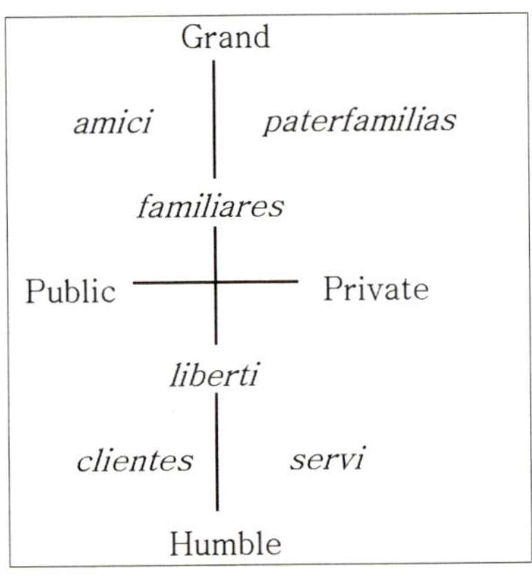

가족과 노예는 사적인 관계이며, 친구와 의뢰인은 공적
인 관계이다. 가족과 친구는 높은 관계이며, 의뢰인과 노
예는 낮은 관계이다. 건물과 장식은 외부인을 내부인과
구별하며 높은 사람을 낮은 사람과 구별하는 기능을 하면
서 이런 다양한 부류의 사람들이 가옥의 경내에서 운신하
는 것을 도와주었다.[162]

3. 로마 가옥의 역할

초기 기독교의 가옥교회를 정확하게 이해하기 위해서는 로마 세계에서 가옥이 어떤 역할을 수행했는지 면밀하게 고찰해 볼 필요가 있다.

(1) 공무집행

그리스 가옥과 로마 가옥 사이에는 근본적인 차이가 있다. 그리스 가옥에서는 남성 공간과 여성 공간 사이에 구분을 두었지만, 로마 가옥에서는 사회 계급의 구분에 관심을 더했다.[163] 비트루비우스(Vitruvius)에 의하면 신분이 높은 사람들의 로마 가옥에는 사적인 공간(propria loca patribus familiarum)과 공적인 공간(communia cum extraneis)이 구분된다.[164] 이것은 초대받은 방문자들에게 공개되는 부분(침실, 연회실, 욕실[balneae])과 일반인들에게 공개되는 부분(현관[vestibula], 앞뜰, 페리스타일)이 있다는 의미이다.[165] 다시 말해서 비트루비우스(Vitruvius)의 대조는 우리 식의 공적인 것과 사적인 것 사이의 대조가 아니라, 외부인의 접근의 정도 차이에서 나타나는 대조이다. 그가 의미하고자 하는 것은 방문자들을 위한 공적인 공간과 가족들을 위한 사적인 공간의 구분이 아니었다.[166]

로마 가옥은 사적인 성격이 희박했다. 로마 가옥은 공

적인 생활의 중심지였다.[167] 심지어 아주 부유한 집을 볼 때도 사생활에 대한 보장이 매우 낮았다는 것은 현대의 관찰자들을 무척 당혹스럽게 만든다.[168] 현대의 가옥이 핵가족을 위한 도피처로 이해되고 일터나 직장으로 떨어진 곳에 위치하는 것과는 달리 로마 가옥은 결코 사적인 성격을 가지고 있지 않았다. 그것은 집주인의 사회, 정치, 경제 활동의 장소로서 초대받은 사람들과 초대받지 못한 사람들에게 개방되어 있었다. 이 때문에 로마 가옥의 위치, 규모, 장식은 가족이나 친구 그리고 노예와 같은 가까운 관계로부터 먼 관계의 의뢰인들에 이르기까지 그 지붕 아래 있는 모든 사람들이 어떻게 행동해야 할지를 알려주는 규약이 되었다.[169]

(2) 의뢰인 관리

로마 가옥의 공무기능 가운데 현격하게 중요한 것은 보호인이 의뢰인들을 관리하는 기능이었다. 로마인들이 입구-앞뜰-거실(fauces-atrium-tablinum) 중심축 구조를 강조한 이유는 사회구조와 밀접한 관련이 있다.[170] 로마의 사회구조는 보호인인 가장과 그의 의뢰인들의 관계에 기반을 두고 있었다. 위에서 살펴본 바와 같이 로마 가옥의 구성원은 포괄적이었다. 가장은 직계 가족뿐 아니라 사회적이며 경제적 이유 때문에 많은 의뢰인들을 거느리고 있었다. 의뢰인 가운데는 가장의 신분을 가지지 못하는 자녀들과 친척들, 가장을 위해서 일하는 노예들과 자유인들(해방노예들), 정치적인 안전과 경제적 안정을 보증받기 위해서 매일 같이 문안을 하는 소속이 없는 다양한 사람들이 있었다. 이런 의뢰인들은 보호인에게 문안(salutatio)을 할 때 즉각적으로 그를 볼 수 있어야 했다. 그래서 축 구조의 가옥이 성립되었던 것이다. 입구의 좁은 통로에 들어선 의뢰인은 축의 끝인 거실에 토가(toga)를 입고 앉아 있거나 서 있는 가장을 바로 직면했다. 축을 중심으로 연속적으로 건축된 수평면은 의뢰인의 시선을 거실에 있는 가장에게 곧장 보내는 것을 가능하게 했던 것이다.[171]

(3) 연회

로마 가옥에서 나타나는 또 한 가지 중요한 기능은 손님 접대이다. 로마인들의 집과 장식은 사회적인 지위와 직결되어 있었고, 사회적인 지위는 손님 접대에서 가장 분명하게 입증되었다.[172] 손님 접대와 다양한 계급의 무리를 수용하는 집은 상당한 넓이를 필요로 했다. 손님 접대를 위한 연회는 주로 연회실(triclinium)에서 열렸다. 여기에서 중요한 것은 뜰을 내다보는 조망이었다. 벽쪽 왼편 자리로부터 내다보는 것이 가장 좋은 조망이었다. 클라크(Clarke)는 연회실의 조망을 다음과 같이 자세히 설명한다.[173] "입구 쪽에서 내실을 들여다보면, 오른쪽 카우치는 수무스(summus)였고, 벽을 등지고 있는 카우치는 메디우스(medius)였으며, 왼쪽 카우치는 이무스(imus)였다. 로마인들이 카우치에서 왼쪽 팔꿈치로 몸을 기대면서 식사를 했다는 점을 감안할 때, 편리함이나 조망을 위해서 가장 훌륭한 자리는 가운데 카우치 왼쪽 좌석(imus in medio 또는 locus consularis)이었을 것이다. 여기에는 명예를 갖춘 손님이 앉았다. 그리고 그 오른쪽 좌석(summus in imo)에는 집주인이 앉았다."

〈그림 11〉 연회실(triclinium)의 전망

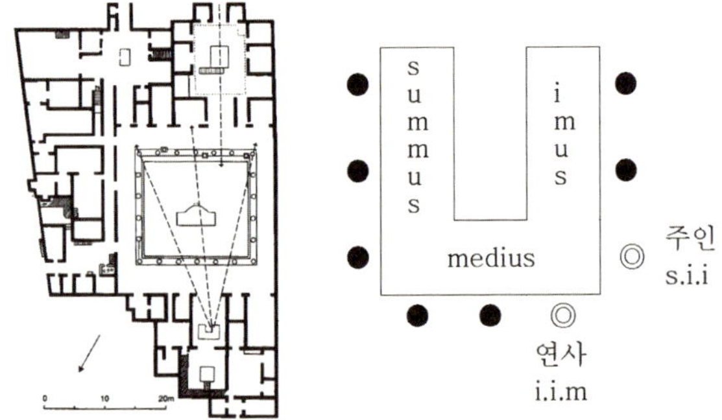

출처: Clarke, The Houses of Roman Italy, 18, fig. 7

(4) 종교 활동 공간

로마 가옥에는 가옥신당(lararium)이 있었다.[174] 가옥신당은 로마인들의 수호신인 라레스(lares)와 페나테스(penates)의 상들을 모시며 경배하는 성소였다.[175] 가옥신당은 앞뜰 구석이나 부엌에서 많이 발견된다. 부엌에서 발견되는 가옥신당은 주로 벽에 설치한 단순한 벽감(壁龕)의 형태를 띤다.[176] 클라크(Clarke)는 가옥신당이 많이 있었다는 사실은 로마 가옥(domus)의 특정한 장소에 위치한 가정 제의를 입증한다고 설명한다.[177] 만일에 가옥신당이 앞뜰에 있었다면 이런 종교행사는 앞뜰에서 행해진 것으로 볼 수 있다. 실제로 클라크(Clarke)는 특히 로마 가옥의 앞뜰이 가정 제의를 위한 중요한 공간이었다고 생각한다.[178] 가옥신당에서 가장은 규칙적으로 기도했고 가정 수호신인 라레스(lares)에게 제사를 드렸다는 것이다.[179] 그는 장례식과 애도식도 앞뜰에서 행해졌다고 생각한다.[180]

로마 가옥이 종교 활동의 공간이었다는 것은 또 다른 측면에서도 나타난다. 로마의 또 다른 가정 제의의 기념비적인 특징은 앞뜰(atrium)에서 발견되는 조상의 흉상들이다.[181] 조상들의 흉상이나 라레스(lares) 또는 다른 수호신들의 흉상을 가지고 있었던 앞뜰은 공무를 수행하고 의뢰인들을 영접하는 공간으로 기능했던 것만큼 전통적인 가정 제의의 중심지로 활용되었던 것이다.[182]

<u>3 장</u>

가옥교회의 구성과 성격

　　지금까지 초기 기독교 당시의 로마 가옥의 구조와 구성원 그리고 그 역할에 관해서 살펴보았다. 먼저 주의해야 할 것은 초기 기독교의 태동 당시에 가정은 매우 중요했다는 사실이다. 초기 기독교가 태동하던 시대에는 로마제국의 모든 사회가 가정 공동체(household community, oikonomia)의 분위기 가운데 존재하고 있었다.[183] 실제 발견되는 가옥신당은 주로 벽에 설치한 단순한 벽감(壁龕)의 형태를 띤다.[176] 클라크(Clarke)는 가옥신당이 많이 있었다는 사실은 로마 가옥(domus)의 특정한 장소에 위치한 가정 제의를 입증한다고 설명한다.[177] 만일에 가옥신당이 앞뜰에 있었다면 이런 종교행사는 앞뜰에서 행해진 것으로 볼 수 있다. 실제로 클라크(Clarke)는 특히 로마 가옥의 앞뜰이 가정 제의를 위한 중요한 공간이었다고 생각한다.[178] 가옥신당에서 가장은 규칙적으로 기도했고 가정 수호신인 라레스(lares)에게 제사를 드렸다는 것이다.[179] 그는 장례식과 애도식도 앞뜰에서 행해졌다고 생각한다.[180]

　　로마 가옥이 종교 활동의 공간이었다는 것은 또 다른 측면에서도 나타난다. 로마의 또 다른 가정 제의의 기념비적인 특징은 앞뜰(atrium)에서 발견되는 조상의 흉상들이다.[181] 조상들의 흉상이나 라레스(lares) 또는 다른 수호신들의 흉상을 가지고 있었던 앞뜰은 공무를 수행하고 의뢰인들을 영접하는 공간으로 기능했던 것만큼 전통적인 가정 제의의 중심지로 활용되었던 것이다.[182]

지금까지 초기 기독교 당시의 로마 가옥의 구조와 구성
원 그리고 그 역할에 관해서 살펴보았다. 먼저 주의해야
할 것은 초기 기독교의 태동 당시에 가정은 매우 중요했
다는 사실이다. 초기 기독교가 태동하던 시대에는 로마제
국의 모든 사회가 가정 공동체(household community,
oikonomia)의 분위기 가운데 존재하고 있었다.[183] 실제
로 가정은 그 자체로 정치적인 기본 단위였다.[184] 이런 분
위기 속에서 그 당시에 가정은 사회의 여러 부분에서 대
단히 중요한 위치를 점유할 수밖에 없었다. 이런 맥락에
서 볼 때 신약성경이 구원의 진리를 나타내기 위하여 가
정의 표상을 자주 사용한 것은 어렵지 않게 이해가 된
다.[185] 그런데 여기에서 한 가지 대단히 흥미로운 것은 당
시의 가정이 혈연적인 성격을 넘어 종교적인 성격을 가지
고 있었다는 점이다.[186] 당시의 가옥은 그리스인과 로마
인에게 생활공간이었을 뿐 아니라 신들에게 헌정된 가옥
신당의 기능을 하였다.[187] 이런 까닭에 당시의 이교도들
은 대단히 쉽게 초기 기독교의 가정교회를 종교적인 단체
로 파악하였을 것이다.[188] 여기에서 어느 정도 이교도의
가옥신당과 초기 기독교의 가옥교회 사이에 순전히 어떤
외면적인 관계가 있었을 것이라고 추정해 볼 수 있는 가
능성이 있다.[189]

하지만 결코 초기 기독교의 가옥교회가 그리스와 로마
의 이교적인 가옥신당에 뿌리를 내리고 있다고 생각해
서는 안 된다.[190] 오히려 초기 기독교의 가옥교회는 구

약의 이스라엘(신 6:4-9)과 중간기의 유대교(눅 1:58)가 보여주는 가정 중심의 신앙에 연속되는 것으로 간주해야 한다. 더 나아가서 초기 기독교의 가옥교회는 디아스포라 유대인들이 초창기에 형성했던 가옥회당(Haussynagoge)과 연계성을 가지고 있는 것이 분명하다.[191] 초기 기독교가 선교의 중심을 회당 또는 하나님을 경외하는 사람들에 두었다는 사실은 유대인 가옥회당이 새롭게 형성되는 기독교 가옥교회의 본래적인 모범이었다는 이론을 제시하게 만든다.[192] 그러나 이 뿐 아니라 앞으로 살펴보겠지만 초기 기독교에 가옥교회가 형성될 수밖에 없었던 까닭은 신학적인 의의와 이상을 소유하고 있었기 때문이다. 이러한 신학적인 의의와 이상이야말로 초기 기독교가 이방 종교의 가옥신당 뿐 아니라 유대교의 가옥회당과도 질적으로 차이가 나는 가옥교회를 형성시키고 견지시킨 가장 중요한 원인이라고 말할 수 있다.

로마 가옥의 구조와 구성원 그리고 그 역할에 관하여 살펴봄으로써 초기 기독교의 가옥교회를 이해하는 데 큰 진전을 이루게 되었다. 그러면 이제 초기 기독교의 가옥교회가 어떤 구성과 성격을 가지고 있었는지 알아보자.

1. 가옥교회의 구성

둘째로 주의해야 할 것은 초기 기독교의 가옥교회가 어떻게 구성되어 있었느냐는 것이다. 초기 기독교의 가옥교회는 단순하면서도 단순하지 않은 구조를 가지고 있었다. 초기 기독교의 가옥교회를 나타내는 가장 적절한 표현은 "...의 집에 있는 교회"(ἡ κατ᾽ οἶκον NN ἐκκλησία, 롬 16:5; 고전 16:19; 골 4:15; 몬 2)이다. 이것은 어떤 지역에 있는 전체 그리스도인이 한 가옥에서 집회하는 것을 가리키는 것이 아니라 단지 관련된 가족들이 한 가옥에 모이는 것을 의미한다.[193] 틀림없이 사도 바울은 가옥에 기초한 개별적인 그룹들을 말함으로써, 경우에 따라 모이는 전체 교회(ὅλη ἡ ἐκκλησία, 롬 16:23; 고전 14:23; 참조. 고전 11:18,20,33,34)와 차별을 두고 있는 듯이 보인다. 다시 말해서 사도 바울은 더 큰 규모의 기독교 운동인 교회(ἐκκλησία)와 구별하기 위하여 이 표현을 사용하고 있다는 것이다.[194] 따라서 이 표현은 기독교 운동의 기본 구조를 가리키는 것이며 그것의 핵심은 실존하는 가족이었던 것으로 보아야 한다.[195]

헬라어 오이코스(οἶκος)는 가옥과 가정이라는 이중적인 의미를 가지고 있다. 그러나 이 두 개념은 고대에는 일반적으로 가정이 가옥에 거주한다는 점에서 저절로 상합한다.[196] 이런 결합을 잘 보여주는 예가 마가복음 10:29-31이다. 여기에는 가옥(οἰκία)과 전토(ἀγρός)가 형제, 자매, 아버지, 어머니와 함께 언급된다. "이러한 진술의 요점은 가옥과 전토가 가족이라는 그룹을 위한 중심지라는 중요한 사실을 드러내는 것이다."[197]초기 기독교 시대의 가옥에는 대가족이 거주했다.[198] 당시에 가정은 대체적으로 대가족 제도였기 때문이다. 초기 기독교 당시에 가정에는 직계 가족에 더하여 노예, 자유인, 하인, 노동자, 동업자와 고용자가 포함되어 있었다는 것을 염두에 둘 때,[199] 가옥교회가 다음과 같은 구성원으로 형성되었을 것이라고 짐작하는 것은 자연스러운 일이다. 스트로벨(Strobel)은 신약성경에서 "누구의 집에 있는"(κατ' οἶκον NN)이라는 표현이 혈연 가족만을 의미한다고 생각한다.[200] 위에서 이미 언급한 바와 같이 그는 사법적인 용례로 볼 때 그리스와 로마의 집 개념이 가족 전체(Gesamtfamilie)라는 일반적인 사상으로 나타나지 않는다고 믿기 때문이다.[201] 그러나 그의 주장은 설득력이 없다. 신약성경은 스트로벨(Strobel)이 생각하는 것처럼 그리스나 로마의 사법이 제시하는 대로 오이코스와 오이키아를 철저하게 구분해서 사용하지 않기 때문이다.[202]

가장 좁은 의미에서 가옥교회는 빌레몬의 경우에서처럼 직계 가족으로 이루어졌다(부모와 자녀, 몬 1-2). 추측컨대 회심 이전에 바울이 초기 기독교를 핍박하면서 신자들을 체포하였을 때 "남자들과 여자들"(τε ἄνδρας καὶ γυναῖκας, 행 8:3)이 언급되는 것은 가옥교회 구성의 핵심인 부부들을 가리키는 것일 수 있다. 더 나아가서 사도 바울이 마지막으로 예루살렘을 방문하는 길에 두로의 신자들과 작별할 때 그들이 "그 처자와 함께"(σὺν γυναιξὶ καὶ τέκνοις, 행 21:5) 바울을 전송했다는 것은 직계 가족이 가옥교회를 구성하고 있다는 것을 증명한다.

가옥교회에는 조금 확대되면 직계 가족을 넘어 친척과 친구들이 참여하였다. 이 사실을 위하여 고넬료의 회심 사건은 중요한 단서를 제공한다. 고넬료는 기독교의 진리에로 회심하기 전에도 "온 집[개역개정판 성경: 집안]이 더불어"(σὺν παντὶ τῷ οἴκῳ αὐτοῦ) 하나님을 경외하던 사람이었다(행 10:2). 고넬료는 기독교의 진리를 듣기 위하여 사도 베드로를 자신의 집(오이코스)으로 초대하였다(행 10:22,30; 11:12). 여기에는 하인들/노예들(오이케타이 οἰκέται)이 포함되었을 것이 분명하다(행 10:7).[203] 고넬료는 사도 베드로의 설교를 듣기 위해서 자신의 집에 그의 "일가와 가까운 친척들"(τοὺς συγγενεῖς αὐτοῦ καὶ τοὺς ἀναγκαίους φίλους)을 모았다(행 10:24). 이것은 "온 집"(πᾶς ὁ οἶκος, 행 11:14)이라고 정의된다. 고넬료는 사도 베드로를 통하여 구원을 얻을 말씀을 들어야 할 대상이 자신 뿐 아니라 "온 집"(πᾶς ὁ οἶκος, 행 11:14)이라는 것을 알았을 때 그것을 매우 폭넓은 범위로 이해했던 것이다. 이것은 고넬료의 가정이 실제로 그의 집에서 살지 않았던 사람들까지 포함하는 확대 가정이었던 것을 의미한다.[204] 그들은 사도 베드로의 구원 설교를 통하여 예수 그리스도의 이름으로 세례를 받고 기독교에 입문하였다(행 10:48).[205] 그들은 본래 고넬료의 회심 전에 모인 사람들을 가리키지만 이야기의 결말(행 10:44-48)에 그들이 결국 기독교 신앙에 입문했다고 말하는 것은 가옥교회의 확대 구성을 의심할 바 없이 확신시킨다. 더 나아가서 확대된 가옥교회에는 부하와 하인이 포함되기도 한다. 이것을 위하여 역시 고넬료의 회심 사건에 등장하는 고넬료의 하인 둘과 군졸(δύο τῶν οἰκετῶν καὶ στρατιώτην, 행10:7)을 눈 여겨볼 필요가 있다.[206]

루디아에게는 아예 오이코스와 오이키아의 구별이 없다. 왜냐하면 루디아와 관련해서는 오직 오이코스만 사용되었기 때문이다(행 16:15). 따라서 신약성경에서는 그리스와 로마의 사법이 말하는 것처럼 가족 개념과 관련하여 분명하게 오이코스와 오이키아가 구분되지 않는다. 그런데 더욱 중요한 것은 신약성경에서 오이코스와 오이키아가 모든 가족을 포함할 수 있다는 가능성을 보여준다는 것이다. 루디아는 자신의 가족(ὁ οἶκος αὐτῆς)과 함께 세례를 받았다(행 16:15). 여기에서 누가 루디아의 "집"(ὁ οἶκος)의 구성원이었는지는 분명하지 않다. 스트로벨(Strobel)은 루디아의 가옥교회에는 노예가 속해 있지 않았다고 주장하지만, 타이쎈(Theissen)은 이 견해에 반대하여 거기에 노예들이 있었다고 생각하며, 클라우크(Klauck)도 루디아의 집에는 그녀의 수공업에 필수적인 하녀들과 노예들이 포함되어 있었던 것이 확실하다고 생각한다.[207]

빌립보 간수의 경우에는 모든 가족이 참여했다는 것을 말하기 위해서 "모든 가족이 함께"(πανοικεί, 행 16:34)라는 단어를 사용했고, 두로의 제자들 경우에는 부인들과 아이들이 언급된다(행 21:5).[208] 위에 살펴본 바와 같이 오이코스의 구성원에 관한 신약성경의 증거를 따르면, 오이코스형식(oikosformel)인 "너/그(그녀)와 너/그(그녀)의 집"(행 11:14; 16:15,31,32) 또는 "누구의 집에 있는 교회(ἡ κατ' οἶκον NN ἐκκλησία)"라는 표현(롬 16:5; 고전 16:19; 골 4:15; 몬 2)은 확대 가정을 의미한다는 것을 알 수 있다.

그런데 초기 기독교에서 가족교회와 가옥교회는 어느 정도 구분되어 이해된 것으로 추측된다. 예를 들어, 사도 바울은 고린도전서의 시작 부분에서 언급했던 스데바나의 집을 종결 부분에서 다시 한 번 언급하는데(οἶκος, 고전 1:16; οἰκία, 고전 16:15), 해당 단락(고전 16:15-18)을 분석해 보면[209] 직계 가족으로 이루어진 가족교회와 친구 (또는 하인)까지 포함하는 가옥교회를 구분해서 말하는 것처럼 보인다. 사도 바울은 우선 스데바나의 집이 아가야의 첫 열매로써 성도들을 섬기는 일에 "자신들을"(ἑαυτούς) 드렸으므로 "이런 자들에게"(τοῖς τοιούτοις) 복종하라고 말하고(고전 16:15-16), 또한 스데바나와 보드나도와 아가이고의 방문을 기뻐하면서 "이들이"(οὗτοι) 고린도 교회의 부족함을 보충하였기에 "이런 자들을"(τοὺς τοιτούτους) 알아주라고 말한다(고전 16:17-18). 이렇게 볼 때 사도 바울은 전반에 나오는 사람들과 후반에 나오는 사람들을 구분하고 있는 것이 분명하다. 사도 바울이 스데바나와 관련된 사람들을 두 부류로 구분하는 것은 전자로는 직계 가족으로 구성된 가족교회를 염두에 두고, 후자로는 친구/하인으로 확대된 가옥교회를 생각하는 것으로 볼 수 있다.

사도 바울이 고린도전서에서 보여주듯이 고린도에는 스데바나의 가옥교회 외에도 여러 중요한 인물들을 중심으로 하여 모이는 가옥교회들이 있었다. 이렇게 가옥에 기초한 개별적인 그룹들이 경우에 따라[210] 도시교회로 모이고(고전 11:18,20,33,34), 이것은 "하나님의 교회"(ἡ ἐκκλησία τοῦ θεοῦ, 고전 11:22) 또는 "온 교회"(ὅλη ἡ ἐκκλησία, 고전 14:23; 참조. 롬 16:23)라고 불리었다. 가족교회가 가옥교회와 구분되는 것보다 가족/가옥교회가 도시교회와 구분되는 것은 더욱 선명했던 것으로 생각해야 한다.

정리해보면, 초기 기독교의 교회 형태는 구성원에 따라서 세분하여 설명될 수 있다. 직계 가족으로 이루어지는 것은 가족교회(Family Church)라고 부를 수 있으며, 친척이나 친구 또는 부하와 노예가 동참하는 경우에는 가옥교회(House Church)라고 말할 수 있다. 한 도시 안에는 여러 개의 가족교회와 가옥교회가 존재할 수 있었다. 도시교회는 위에 언급한 여러 형태의 가옥교회들이 연합하여 이루어진 것으로서 오늘날의 노회와 유사한 성격을 지니고 있었다.

신약성경의 진술들을 면밀히 조사한 후에 내리는 결론은 초기 기독교의 교회 형태는 가족교회로부터 출발하여 가옥교회로 발전하고 결국은 도시교회로 확립하였다는 것이다. 이런 의미에서 볼 때 가옥교회는 가족교회와 도시교회의 중간단계이다. 사도행전과 바울서신 그리고 신약성경의 후반부 책들이 제공하는 자료에 의하면 초기 기독교에 가족교회와 도시교회를 연결하는 가교로서의 가옥교회가 존재했을 뿐 아니라 이것이 절대적으로 중요한 위치를 차지하고 있었다는 것을 의심할 여지가 없다.

초기 기독교는 가옥교회와 도시교회라는 이중적인 구조를 가지고 있었다. 초기 기독교에서 가옥교회와 도시교회는 서로 별다른 관계없이 존재하는 단순한 공존을 넘어서 때로는 단절을 보이고 때로는 연결을 보이는 복잡한 상생을 실현하였다. 도시교회는 가옥교회들에 의하여 구성되었고 동시에 가옥교회들은 도시교회에 의하여 보호되었다. 가옥교회들이 상합하여 전체적인 도시교회로 발전하였고, 도시교회는 가옥교회들의 개별적인 가치를 인정하였다. 그런데 이와 같은 이중구조 속에서 가옥교회는 보다 근본적인 형식으로부터 유래하였다. 그것은 가족교회이다. 가옥교회의 근간에는 가족교회가 있었다. 가족교회는 초기 기독교에서 최소 단위의 교회였다. 가족교회는 더 이상 분할될 수 없는 가장 작은 교회 형식이었다. 초기 기독교에서 도시교회가 강력한 인상을 표현할 수 있었던 것은 그 배경에 가옥교회가 있었기 때문이며, 가옥교회가 강력한 능력을 발휘할 수 있었던 것은 그 근간에 가족교회가 있었기 때문이다. 이것이 초기 기독교가 가정복음화에 힘을 기울인 이유이다. 신약성경 (그리고 속사

도 시대 문서)을 살펴보면 초기 기독교가 가정집을 얼마
나 중요하게 여겼는지 발견하게 된다.[211] 가정에서 교회
가 시작되었다.[212]

2. 가옥교회의 성격

초기 기독교의 가옥교회는 로마 세계의 가옥 체계에 자
리 잡고 있었다. 초기 기독교인들은 로마 세계의 가옥들
과 다를 바가 없는 개인의 집(οἶκος)에서 집회를 했다.[213]
물론 가옥교회의 통일된 형태를 말하기는 어렵다. 왜냐하
면 여러 지역의 가옥들이 서로 차이가 나는 것처럼 가옥
교회의 형태도 서로 상이했기 때문이다.[214] 그러나 위에
서 고찰한 것과 같이 로마 세계의 가옥 형태와 가정 구조
를 살펴봄으로써 초기 기독교의 가옥교회가 일반적으로
어떤 성격을 가지고 있었을지 추측해보는 것이 가능하다.

1) 집회 형태

초기 기독교에는 기독교 전용의 건물이 존재하지 않았
고 존재할 수도 없었다.[215] 초기 기독교인들은 예배를 드
리기 위해서 단지 그 목적 때문에 건립한 건물에서 모인
것이 아니었다. "초기 기독교 신자들은 교회 건축을 위
한 수단도, 조직도, 최소한의 관심도 가지고 있지 않았
다. 그들은 사정에 맞추어 어떤 장소에서나(in whatever

place suited the occasion) 모였다." [216] 그것은 성전이
나 회당이 될 수도 있었고, 가옥이나 세 낸 강당이 될 수
도 있었다. [217] 초기 기독교에는 집회장소를 위한 건물이
따로 없었다. 또한 초기 기독교는 조금 큰 집회를 열기 위
해 큰 장소를 쉽게 창출할 수도 없었다. 그런데 초기 기
독교가 집회를 위해서 가장 적절한 공간으로 활용한 것은
가옥이었다. 초기 기독교인들은 이미 존립하고 있는 가옥
들에서 예배에 필요한 공간들을 사용했다. [218] 초기 기독
교의 집회규모를 이해하려면 당시의 가옥이 어느 정도 크
기를 가지고 있었는지 알아볼 필요가 있다. 대표적으로 1
세기 로마의 가옥구조(the housing situation in first-
century Rome)에 관한 설명을 들어보자.

"부유한 사람들의 가정에는 회집 공간이 있었다. 소유
주의 사적인 방들과 사무실, 여성과 아이들의 구역, 노예
들의 구역에 더해서 가장 중요한 방은 식당이었다. 여기
에서 그 집의 가장은 동료들, 손님, 친구들과 즐거움을 나
눌 수 있었다. 전형적인 저택의 식당은 대략 400 제곱 피
트에 달했다. 아홉 사람 정도가 벽을 둘러 카우치에 기
댈 수 있는 것이 가능했다. 카우치를 제거하면 20명 정도
가 모일 수 있었다. 만일 사람들이 붙어 있는 중앙의 뜰에
더 많이 모이면, 그리고 만일 장식용 항아리들까지 제거
하면, 그리고 얕은 웅덩이 쪽으로 밀려 떨어질 염려만 없
다면, 50명까지도 빼곡하게 자리 잡을 수 있었다. 편안하

게 들어설 수 있는 최대한의 인원은 30명에서 40명이었다." [219]

초기 기독교는 이런 구조의 가옥을 교회로 사용했던 것이다. 가옥을 집회장소로 사용했다는 것으로부터 자연스럽게 집회의 제한성을 추정하게 된다. "결과적으로 이런 그룹들의 규모에 수자적인 제한이 생겼다. 로마식의 빌라로 어느 정도 큰 개인집이라 할지라도 40명에서 50명 정도면 이미 한계에 도달했다고 보아야 한다." [220]따라서 가옥교회는 당연히 소규모로 존재할 수밖에 없었다. [221]

〈그림 12〉 1세기 가버나움 베드로의 가옥 전경

THE FAMILY IN FIRST-CENTURY GALILEE

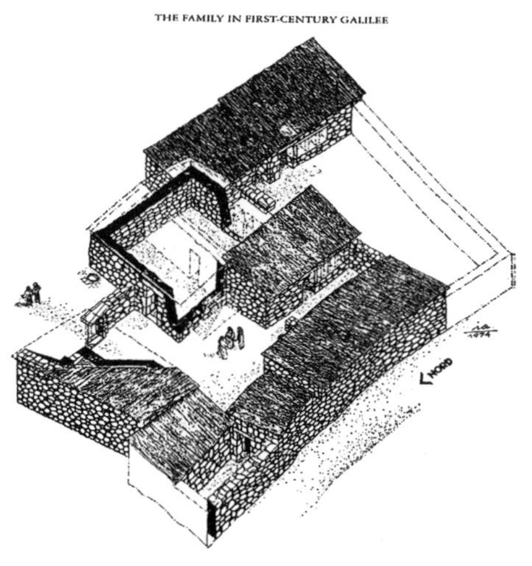

Figure 3.3 Isometric view of the insula sacra at the time of Jesus

출처: Guijarro, "The Family in First-Century Galilee," 51[222]

〈그림 13〉 4-5세기 가옥의 구조

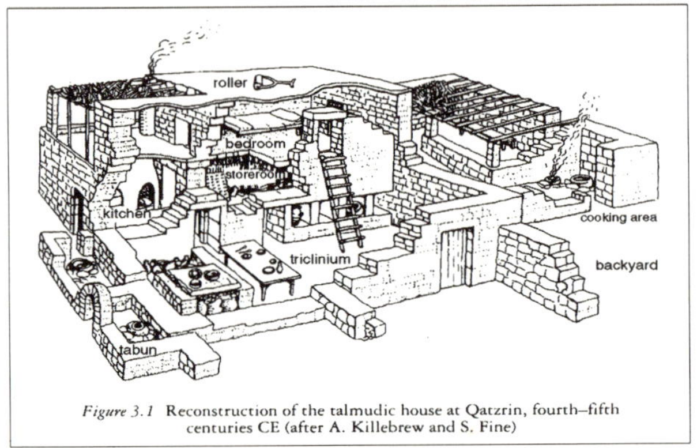

Figure 3.1 Reconstruction of the talmudic house at Qatzrin, fourth–fifth centuries CE (after A. Killebrew and S. Fine)

출처: Guijarro, "The Family in First-Century Galilee," 42

〈그림 14〉 Anaploga에 소재한 로마식 빌라

THE BOOK OF ACTS IN ITS GRAECO-ROMAN SETTING

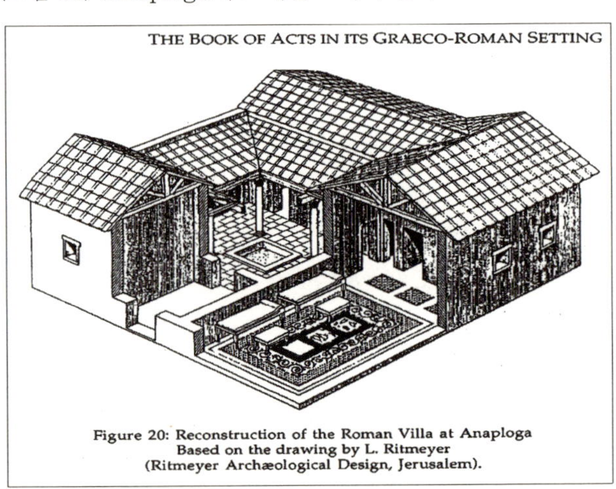

Figure 20: Reconstruction of the Roman Villa at Anaploga Based on the drawing by L. Ritmeyer (Ritmeyer Archæological Design, Jerusalem).

출처: Blue, "Acts and the House Church," 210

크라우트하이머(Krautheimer)는 초기 기독교의 규칙적인 모임은 형제들의 개인 가옥에서 모였다고 말하면서 교인들이 대체로 낮은 계층이나 중산층(lower and middle classes)에서 나왔다는 점을 고려할 때 그들의 가옥도 전형적으로 싼 집들이었을 것이라고 주장한다.[223] 그에 의하면 주후 200년 이전에는 기독교의 회집이 가옥의 영역에 제한되었고, 더 나아가서 하층민들의 보잘것없는 거주지에 제한되었다는 것이다.[224] 그러나 크라우트하이머(Krautheimer)의 주장은 검토해보아야 할 진술이다. 왜냐하면 신약성경의 증거에 비추어 볼 때 이 주장은 꼭 맞지 않기 때문이다. 예를 들면, 초기 기독교의 처음 집회에는 120명이 모였는데(행 1:15), 이것은 그 집회장소가 아주 규모가 큰 상류층의 집이었다는 것을 의미한다.[225] 게다가 베드로가 고넬료의 초청을 받기 전에 거주하고 있던 욥바 시몬의 집과 예루살렘에 있던 요한 마가의 어머니 마리아의 집은 길에서 바로 들어갈 수 있는 앞뜰 또는 현관을 가지고 있었다(πυλών)(행 10:17; 12:13,14).[226] 따라서 이 집들은 인술라(insula)였다고 보기 어렵다.[227] 그러므로 화이트(White)는 초기 기독교의 건물 양태를 로마식의 앞뜰가옥(atrium house)에서 끌어낸다.[228] 거의 한 세기 전에 람세이(Ramsay)는 사도 바울이 설교를 했던 드로아의 가옥은 망루(turris)를 가지고 있는 로마 가옥 형식을 띤 것으로서 부유하고 신분이 높은 가정에 속한 상당히 큰 규모의 웅장한 건물이었다고 추정하였다. [229] 이런 정황에서 로르도르프(Rordorf)도 가옥교회가 로마 앞뜰 형태의 가옥에서 모였을 가능성을 높이 쳤다. "개방된 뜰이나 지붕을 씌운 앞뜰(큰 가옥들은 종종 두 개를 다 가지고 있었다)을 방들이 줄지어 둘러싸고 있었다. 가옥들은 또한 드물지 않게 이층을 가지고 있었다. 따라서 신자들이 이런 방들 가운데 하나에 또는 이층에서 예배를 드리기 위해서 또는 애찬을 나누기 위해서 모였을 것이며, 동시에 그 지역에 거주하는 교회의 지도자나 손님으로 머물고 있는 설교자가 뜰에서나 큰 연회실에서 청중을 향해 설교를 했을 것이라는 사실은 충분히 생각해볼만한 일이다." [230]

2) 손님 접대

위에서 본 것처럼 초기 기독교의 집회는 연회실(triclinium)을 중심으로 모였을 가능성이 높다. 연회실에는 간단히 식탁 하나와 입구를 제외하고 삼면으로 식탁을 둘러싸고 하나에 세 사람씩 자리할 수 있는 카우치들이 있다. 입구 맞은편에 위치한 가운데 카우치에는 장로, 주인, 연사가 자리를 잡는다. [231] 연회실은 주랑들(porticus)을 향해 문을 열면 안에 카우치에 자리 잡은 사람들이 정원과 거기에 있는 사물들을 눈으로 즐길 수 있도록 구조되어 있었다. [232] 역으로 말하자면 이 구조는 정원에 있는 사람들이 연회실을 환히 들여다 볼 수 있는 가능성이 있었다는 것을 의미한다. 초기 기독교의 가옥교회에는 실내에 더 이상 들어갈 수 없을 정도로 많은 사람들이 모이면 정원에 자리 잡고 앉아서 실내를 들여다보는 방식을 취했을 것으로 생각된다.[233]

기독교인들이 한 집에 모이는 경우에 기독교인들의 모임에 집주인인 보호인(patron or patroness)이 함께 한다면, 그 모임은 외부인들의 눈에 보호인이 의뢰인들을 초대해서 식사를 하는 것처럼 보였을 것이다. 만일 연령과 성별과 신분이 다른 사람들이 차별 없이 섞여있는 모임이 가부장적인 합당한 권위에 의한 적절한 감독 없이 모인다면 외부인들에게 계속적으로 의심을 받게 될 위험이 있었다. 그것은 권력을 유지시키는 사회 계급구조를 흔드는 위협 거리로 여겨졌을 것이기 때문이다.[234] 겐그레아의 뵈배의 경우에서 우리는 이런 예를 발견한다(롬 16:1-2). 따라서 보호인이 동참하는 가옥집회는 그가 사람들을 초대하여 식사하는 것처럼 보이기 때문에 대중에게 노출되는 것을 엄격하게 방지하면서 주위에 있는 불신자들의 눈에 숨길 수 있었을 것이다.[235]

3) 종교 집회

초기 기독교 공동체가 예배를 위해서 집회하던 개인가옥들은 당시의 다른 개인가옥들과 조금도 차이가 나지 않는 것들이었다.[236] 초기 기독교는 신성한 건물을 만들지 않았다. 장소나 공간의 신성화는 초기 기독교의 정신에 근본적으로 이질적인 것이었다. 신성한 장소와 신성한 공간에 대한 거절은 초기 기독교를 고대의 다른 종교들에 대하여 유일한 위치에 두었다.[237] 그런데 여기에서 한 가지 오해가 생긴다. 그것은 "초기 기독교인들이 예배를 위해서 모였던 장소들은 순전히 세속적인 성격을 그대로 지녔고, 그것들은 모든 신성한 요소가 없는 성별되지 않은 기능적인 구조물이었다"[238]고 생각하는 것이다. 장소에 무관심했고 예배하는 공간에 관해 거의 관심을 갖지 않았던 초기 기독교인들이 예배공간으로 사용했던 주택은 특별한 종교적 가치를 부여하지 않는 세속적인 장소였다는 것이다.[239] 그러나 이 주장은 옳지 않다. 왜냐하면 위에서 살펴본 바와 같이 로마 가옥은 이미 종교성을 띄고 있었기 때문이다. 그것은 절대로 중립적이지 않았다. 초기 기독교가 개인가옥에서 집회를 했을 때 외부인들의 눈에 이상하게 여겨지지 않을 수 있었던 것은 이미 로마의 가옥들이 종교적인 성격을 가지고 있었다는 데 이유가 있다.

초기 기독교의 가옥교회는 가정과 연관되어 있다는 점에서 단지 가정교회라고 불릴 수 있다. 여기에서부터 "…의 집에 있는 교회"(ἡ κατ’ οἶκον NN ἐκκλησία)라는 표현이 생겨난 것으로 볼 수 있다. 여기에서 우리가 반드시 짚고 넘어가야 할 것은 "…의 집에 있는 교회" 그 자체가 지역교회였다는 사실이다. 이것은 초기 기독교의 집회 장소의 성격을 가장 분명하게 나타내는 적절한 표현으로서 오늘날의 지역교회와 다를 바가 없는 것이다. 비록 초기 기독교의 가옥교회는 개인 가옥에 회집하는 소수의 공동체였지만, 그럼에도 불구하고 그것은 오늘날 우리의 지역교회들과 마찬가지로 정상적인 교회였다. 오늘날 많은 사람들이 오해하듯이 초기 기독교의 가옥교회들은 어느 한 지역교회에 부속하는 소그룹들이 아니었다.[240] 그것은 필연적으로 가정과 연관된 가옥에서 모였다는 점에서 가정교회이지 오늘날의 지역교회와 동일한 것이다.

물론 우리는 로마나 고린도나 에베소와 같이 큰 도시들 안에는 여러 개의 가족교회와 가옥교회가 혼재할 수 있었다는 사실을 염두에 두어야 한다.[241] 이렇게 여러 형태를 지닌 가옥교회들은 경우에 따라 전체적으로 모였다. 개인집에 근거를 둔 개별적인 가옥교회들이 전체적으로 모일 경우에 "온 교회"(ὅλη ἐκκλησία, 고전 14:23; 참조. 롬 16:23)라고 불리었다.[242] 이것은 한 도시를 망라하는 교회이므로 도시교회라고 부를 수 있는데(고전 11:18,20,33,34),[243] 오늘날의 노회와 유사한 성격을 지닌 것으로 간주할 수 있다. 만일에 한 도시에 여러 개의 가옥교회들이 있었다면, 그것은 오늘날의 노회와 같은 성격을 가지는 것임을 잊어서는 안 된다. 따라서 우리는 로마서 16장과 같은 경우를 볼 때, 로마에 있는 노회에 여러 개의 지역교회들이 있었다고 말하는 것이 타당하다.

<u>4 장</u>

초기 기독교가 가옥에서 회집한 이유들

기독교의 역사에서 초기 기독교는 가옥교회의 시대였
다.[244) 개인 가옥이 초기 기독교에게 집회장소로 선호된
데는 충분한 이유가 있다. 무엇보다도 그 까닭은 초기 기
독교가 처한 당시의 상황과 밀접한 관계가 있다. 이것은
크게 보면 내적인 의미와 외적인 의미로 나누어 볼 수 있
을 것이다.[245) 하지만 조금 더 세분하면 가정교회의 형성
원인은 대표적으로 유대교와의 갈등, 경제적인 측면에
서, 타종교 또는 타사회와의 관계에서, 그리고 자체적인
성격에서 찾을 수 있다.

1) 유대교와의 갈등

초기 기독교는 예루살렘에서 잠시 동안 성전을 집회장
소로 사용하였다. 이때 기독교에게는 성전을 대신할 건
물이 필요하지 않았다. 그러나 사도행전에 의하면 초기
기독교가 성전을 집회장소로 사용할 수 있는 상황은 오
래 가지 못하였다. 그 이유는 신학적으로 볼 때는 건물로
서의 성전이 기독교에 더 이상 신학적인 의미를 제공하지
못했기 때문이며,[246) 실제적으로 볼 때는 기독교가 유대
교에 의해서 성전으로부터 추방을 당하게 되었기 때문이
다. 처음부터 초기 기독교는 자신이 성전으로부터 추방당
하는 결과를 맞이하게 될 것을 예상하였던 것 같다. 왜냐
하면 초기 기독교는 시작점부터 집회를 위하여 성전과 가
옥을 동시적으로 겸용하였기 때문이다. 그러므로 결국 초

기 기독교는 성전을 박탈당했을 때 자연스럽게 가옥을 더욱 적극적으로 활용할 수밖에 없었다. 이런 현상은 예루살렘 밖에서도 비슷하게 발생하였다. 예루살렘 밖에서는 아직 유대교와 기독교가 선명하게 구분되지 않는 상황에서 회당이 기독교인들의 집회장소로 사용될 수 있는 가능성을 가지고 있었지만, 시간이 흐르면서 기독교가 유대인들에게 그 진면목을 드러내게 되었을 때 회당에서도 추방당하고 말았다. 결국 기독교인들은 회당을 사용하는 것을 거절당했을 때 가옥을 선택하지 않을 수 없었던 것이다.[247] 다시 말해서 성전과 회당으로부터의 거절은 가옥교회의 부상을 위한 중대한 원인이 되었다.

2) 경제적인 측면

초기 기독교에 가옥교회가 형성된 이유로 경제적인 요인을 고려해야 할 필요가 있다. 초기 기독교는 특별히 종교적인 활동을 위하여 건축된 건물을 소유하고 있지 않았다.[248] 알다시피 초기 기독교는 소수의 인원으로 구성되어 있었기 때문에 집회장소를 구입하거나 건축할만한 경제적인 능력을 가지고 있지 못했다. 초기 기독교가 소수의 성도로 집회장소를 구매하거나 건축할 능력이 없었다는 것은 당연한 일이었다. 따라서 초기 기독교는 집회를 위하여 사용 가능한 건물로 신자들의 가옥을 자연스럽게 활용하게 되었다.[249] 종교적인 활동을 위하여 독립된 건물을 소유할 수 없었던 초기 기독교에게 집회장소을 위한 최선의 대안은 신자들의 가옥이었다.[250] 일정한 수의 신자들이 모일 수 있는 가옥은 자연스럽게 초기 기독교의 집회장소로 활용되었다. "집을 공동체의 목적으로 사용한 것은 '공개적인' 집회건물을 사용하거나 구입하거나 건축하는 것이 전적으로 불가능한 상황에서 필연적인 일이었다."[251] 공식적인 예배처소를 따로 마련할 수 없었던 초기 기독교는 신자들이 자리를 얻을 수 있는 최소한의 사적인 공간이 존재하는 곳이라면 어디에나 가옥교회를 설립하게 되었다.[252] 이렇게 하여 초기 기독교는 불가피하게 가옥교회라는 형태를 띠게 되었다. 이런 의미에서 기독교는 2세기에 들어서도 집회를 위하여 예배당을 건축하기보다는 개인 가옥을 개조해서 사용했던 것이다.[253]

3) 타사회 또는 타종교와의 관계에서

초기 기독교의 가옥교회의 형성원인은 타사회 또는 타종교와의 관계에서 조금 복잡하게 나타난다.

초기 기독교는 확장되는 과정에서 유대인과 이교도들에게 핍박의 대상이 되었다. 당시에 소수 종교였던 초기 기독교는 유대교, 로마제국, 이방사회 등등 여러 가지 세력들로부터 다각적인 핍박을 받았다. 따라서 초기 기독교는 공개적인 장소에서 자신을 표현할 수 없었고 자연스럽게 안전한 은신처를 찾게 되었다. 초기 기독교는 집회를 위하여 공개된 장소 대신에 은닉된 장소를 필요로 했다. 초기 기독교에게 핍박을 피할 수 있는 가장 안전한 은신처는 가옥이었다. 초기 기독교에게 핍박을 피할 수 있는 안전한 은신처로 가옥만큼 좋은 것은 없었다. 가옥은 유대 기독교와 이방 기독교가 다양한 핍박 앞에서 안전을 보장받을 수 있는 결정적인 비밀 장소였다.[254] 따라서 가옥은 초기 기독교가 핍박과 소수라는 상황에서 은신하기에 가장 적합한 집회장소로 선택되었다.[255] 대표적으로 예루살렘에 있는 마리아의 집이 그런 성격을 가지고 있었다(행 12:1-17, 특히 12절). 회심 이전의 바울이 기독교인의 집을 수색한 이유도 이런 점에서 찾을 수 있을 것이다(행 8:1-3, 특히 3절). 이것은 무엇보다도 가옥교회 발생의 소극적인 의미를 보여준다. 이렇게 볼 때 오늘날에는 교회 개척을 위한 경우이거나 핍박의 가능성이 있는 선교지 같은 특수한 경우들이라면 몰라도 평화스런 환경에서 "집에서 모이는 교회"를 고집하는 것은 큰 의미가 없는 듯이 보인다.[256] 그런데 이런 가옥교회 발생의 소극적인 의미에도 중요한 교훈이 들어있다. 그것은 초기 기독교가 심각한 핍박 가운데서도 쓰러지지 않았던 근본적인 이유 중에 하나인 그 근간이 가옥교회였기 때문이라는 것이다. 초기 기독교인의 모든 집이 무너지지 않는 한, 가옥교회는 무너질 수 없었다. 그리고 모든 가옥교회가 무너지지 않는 한, 가옥교회로 구성된 기독교는 무너질 수가 없었다.[257]

그러나 성장 과정에서 초기 기독교의 가옥교회는 타사회와 타종교 안에서 어느 정도 안정된 자리를 확보하게 되었을 때 상당히 긍정적인 성격을 보여주게 되었다. 그것은 가옥교회가 이웃에 대하여 자신을 적극적으로 개방하고, 이웃은 가옥교회에 호의적으로 접근하게 되었다는 것이다. 이렇게 함으로써 초기 기독교의 가옥교회는 자연스럽게 이교적인 이웃들에게 알려지게 되었다.[258] 이러한 사실은 고린도전서에서 분명하게 입증된다. 아래 성구의 밑줄친 부분에서 확인할 수 있다.

"그러므로 온 교회가 함께 모여 다 방언으로 말하면 <u>무식한 자들이나 믿지 아니하는 자들</u>이 들어와서 너희를 미쳤다 하지 아니하겠느냐 그러나 다 예언을 하면 <u>믿지 아니하는 자들이나 무식한 자들</u>이 들어와서 모든 사람에게 책망을 들으며 모든 사람에게 판단을 받고 그 마음의 숨은 일이 드러나게 되므로 엎드리어 하나님께 경배하며 하나님이 참으로 너희 가운데 계시다 전파하리라"(고전 14:23-25).[259]

이렇게 하여 초기 기독교는 가옥교회를 통하여 이웃 사회에 자신을 공개하고 복음을 전달하는 활동적인 모습을 가지게 되었다. 가옥교회는 이웃 사회라는 집단에 대하여 긍정적인 의미의 누룩이 되었던 것이다.

마지막으로 여기에서 간과해서는 안 될 중요한 사실은 초기 기독교가 가옥교회로 출발함으로써 타사회 또는 타종교와 질적으로 다른 체계를 보여주게 되었다는 것이다. 비록 가옥교회의 시작은 핍박의 상황에서 비롯되었을지라도, 가옥교회는 기독교가 다른 종교와 사회에 대하여 가지는 특별한 사항이 되었다. 위에서 살펴 본 바와 같이 유대인에게는 가옥회당이 있었고 이방인에게는 가옥신전이 있었다는 것은 사실이지만 그럼에도 불구하고 유대인이나 이방인은 결국 특정한 신전을 중심으로 존재하였다. 신전은 그들에게 모든 존재의 중심점이었다. 그러나 기독교인은 건물에서 자유로웠다. 이것은 유대교와 이방 종교에 대한 초기 기독교의 차별화를 여실히 보여준다. 초기 기독교의 가옥교회는 유대인 성전이나 이방인 신전에 대한 차별화 현상이었다.

더 나아가서 초기 기독교의 가옥교회는 그리스도인에게 있는 공간의 자유를 보여준다. 가옥교회는 기독교의 자유정신을 가장 선명하게 표현하는 방식 가운데 하나였다. 이렇게 가옥교회는 모든 계층의 사람들에게 단순한 설교를 넘어서 교제와 자유를 가진 생활공간을 제공함으로써 선교적인 활동에서 중요한 역할을 담당하였다.[260] 이뿐 아니라 초기 기독교는 가옥교회의 방식으로 물질과 공간에서 자유를 얻음으로써 비가시적 공동체의 이상을 실현하였다. 초기 기독교의 가옥교회의 실현은 가시적인 것에 구속받지 않는 새로운 종교의 출현을 의미하는 것이다 (참조. 고후 4:16-5:7).

4) 자체적인 의미

초기 기독교의 가옥교회는 그 자체로도 다양한 측면에

서 대단히 중대한 형성원인을 가지고 있었다.

(1) 결속성

무엇보다도 초기 기독교는 가옥교회의 형식을 가짐으로써 핍박과 이단이라는 두 가지 불안한 상황을 극복하는 길을 마련하였다. 본래 가정은 어떤 개인감과 상당한 친밀감과 공간의 안정감을 제공한다.[261] 가정의 친밀성은 대규모적인 정치와 사회의 구조들이 제공하지 못하는 안정감과 소속감을 제공하였다.[262] 신약시대에는 가정이 정치적인 기본 단위로 여겨졌는데, 가정의 이익을 위한 가족의 충성은 국가에 대한 충성과 경쟁을 할 정도로 강한 것이었다.[263] 따라서 초기 기독교의 집회가 가옥에서 형성되었다는 것은 가옥교회가 그 자체로서 긴밀한 구조를 이루었다는 것을 의미한다. 초기 기독교가 핍박과 이단으로 말미암은 불안한 상황을 무난히 헤쳐나가면서 안정되고 견고한 자리를 확보할 수 있었던 것은 가옥교회 형식으로 내부적인 긴밀한 결속 구조를 가지고 있었기 때문이었다.[264]

특히 가옥교회의 내부적인 결속을 위하여 중요한 역할을 한 것은 가장이었다. 왜냐하면 일반적으로 볼 때 한 가장이 기독교 신앙으로 회심하는 경우에 그 가족들의 종교적인 통일성이 유지되었기 때문이다.[265] 이 사실은 가족들이 가장과 함께 집단으로 세례를 받았다는 사실로부터 어렵지 않게 찾아볼 수 있다(고넬료, 행 10:48; 루디

아, 행 16:15; 빌립보 간수장, 행 16:33; 스데바나, 고
전 1:16 등등). 이렇게 가족들은 공통된 종교를 가짐으로
써 결속을 표현하였다.[266] 물론 이런 일반적인 현상에도
불구하고 가장의 종교와 가솔의 종교가 항상 일치한다고
말할 수는 없다. 가장이 기독교인임에도 불구하고 가솔이
그리스도인이 아닐 수 있었다.[267] 먼저 주종관계와 관련
하여 이런 경우는 빌레몬과 오네시모의 관계에서 쉽게 발
견된다.[268] 이 경우에 모든 노예가 한결같이 주인의 신앙
에 동의한 것으로 볼 수 없다는 사실이 명백하게 드러난
다. 사도 바울이 고린도 교회에 보내는 편지 중에 한 토막
은 심지어 부부관계에서도 이런 현상이 있었다는 것을 보
여준다: "만일 어떤 형제에게 믿지 아니하는 아내가 있
어 남편과 함께 살기를 좋아하거든 저를 버리지 말라"
(고전 7:12; 참조. 고전 7:14). 이와 비슷한 경우는 베드
로전서에서도 나타난다: "아내된 자들아 이와 같이 자기
남편에게 순복하라 이는 혹 도를 순종치 않는 자라도 말
로 말미암지 않고 그 아내의 행위로 말미암아 구원을 얻
게 하려 함이니 너희의 두려워하며 정결한 행위를 봄이
라"(벧전 3:1-2).[269]

(2) 개방성

　　초기 기독교의 가옥교회가 가지는 또 다른 특징은 개방
성이다. 비록 가옥교회의 사회적 구성은 대단히 상이하

였지만 가옥교회는 남녀를 불문할 뿐 아니라 모든 신분과 교육 수준과 출신에 대해 기독교인들에게 개방되어 있었다.[270] 가옥교회는 "고대에 특히 중압감을 주었던 유대인과 이방인, 자유인과 노예, 남자와 여자, 높은 자와 낮은 자, 학식자와 무학자 사이의 사회적, 민족적, 종교적 장벽들이 깨어지고 모든 기독교인이 주님이신 그리스도께 새롭게 결속된 것을 바탕으로 하여 평등하게 되는 곳"[271]이었다. 사실상 가옥교회의 이와 같은 개방성과 평등성의 실현은 당시의 가부장적이며 계급주의적인 사회에 대항하는 중대한 모습을 보여주었다.[272]

(3) 선교성

이렇게 결속성과 개방성을 지닌 초기 기독교의 가옥교회는 전도와 선교에 상당한 효과를 얻을 수 있었다. 가정교회는 초기 기독교에서 전도와 선교를 위한 근거지로서 절대적인 역할을 담당하였다.[273] 이미 살펴보았듯이 가옥교회가 선교 거점으로 사용된 사실에 관한 대표적인 예는 루디아의 집이다. 사도 바울도 가옥들을 사용하여 다음 활동을 위한 근거지로 삼았다. 앞에서도 말했거니와 가옥교회가 선교 활동에서 중요한 까닭은 단순히 언어의 설교를 넘어서 각 계층 사람들에게 교제와 자유 가운데 생활 공간을 제공하였기 때문이다. 이렇게 하여 선교하는 기독교는 수많은 종교단체들과 대중적 철학 강의들과 회당의

유인력에 대하여 종교적인 연합운동으로서 경쟁할 수가 있었던 것이다.[274]

(4) 중개성

이와 더불어 초기 기독교의 가옥교회는 두 가지 방면에서 중개적인 역할을 하였다. 첫째로 가옥교회의 중개적인 역할은 가옥교회들 사이의 연합적 성격에서 증명된다. 초기 기독교에서 가옥교회들은 서로 간에 정보들을 교환하는 체계(network)를 어느 정도 소유하고 있었던 것으로 추측할 수 있다.[275] 예를 들어 비록 상호간에 갈등과 마찰을 빚고 있는 가옥교회들이라도 성찬을 위한 집회의 정보를 나눔으로써 도시교회의 성찬 예식 수행에 무리가 없게 하였다(고전 11:17이하). 또한 가옥교회들이 사도 바울과 같은 신앙지도자의 지역교회 방문에 관하여 서로 간에 정보를 교환했으리라는 것은 의심할 바 없는 것이다(고전 16:1이하). 특히 가옥교회들의 상호중개성은 사도들의 편지를 회람했다는 사실에서 분명하게 발견할 수 있다(골 4:15-16).[276] 아마도 예루살렘의 사도 회의(행 15장)는 안디옥 교회와 같은 도시교회의 참여를 중요시하면서도 위에서 살펴본 바와 같이 예루살렘에 여러 가옥교회들이 존재하고 있었다는 것을 전제할 때 가옥교회들의 참여를 배제하지 않는다. 이것은 예루살렘 사도 회의가 가옥교회의 중개적인 연합집회였다고 추측하게 만든다.

둘째로 가옥교회의 중개적인 성격은 상부조직과의 관계에서도 엿보인다. 초기 기독교의 가옥교회는 사도들의 그룹과 같은 상부조직에 협조하는 체제를 가지고 있었다. 아마도 이것은 다음과 같은 두 가지 방향으로 진행되었을 것이다. 우선 상부조직과의 관계에서 가옥교회는 상부조직에 자신이 처해있는 상황을 보고하였다. 때때로 이런 보고 방식은 가옥교회와 도시교회에 근접하여 사역하는 순회전도자들에 의하여 이루어지기도 했지만,[277] 가옥교회로부터 직접 시행되기도 하였다(스데바나, 고전 16:15-18).[278] 또한 가옥교회의 상부적인 관계는 접대방식으로 표현되기도 했다.[279] 가옥교회는 사도들뿐만 아니라(롬 15:23; 고전 16:6; 몬 22), 사도들이 파송한 순회전도자들을 접대하였다(딛 3:13; 요삼 6)[280]. 이런 순회전도자들은 상부구조에 가옥교회의 형편을 보고할 뿐 아니라 가옥교회들에 관한 정보를 소통시킴으로써 일종의 네트워크를 형성하고 가옥교회들의 연합에 크게 기여하였던 것으로 이해할 수 있다.[281]

(5) 계승성

마지막으로 성경적인 근거가 희박하긴 하지만 초기 기독교의 가옥교회는 사도들의 활동이 끝난 후에 교회의 지도자를 배출하는 산실이 되었던 것으로 추정할 수 있다. "가옥교회는 '사도적' 지도가 상실된 후에 교회를 세워

야 할 기독교 지도자들을 위한 양성 근거지였다."[282] 자신
의 집을 가옥교회로 제공한 부유한 집주인들은 초기 기
독교에서 자연스럽게 지도자의 역할을 맡게 되었을 것이
다.[283] 결국 이 사람들은 사도들을 이어서 초기 기독교를
이끄는 지도자들이 되었다.

5 장

초기 기독교의 가옥교회 이상

가옥교회에서 결정적으로 중요한 역할을 한 것은 가정이다. 가옥에서 모이다 보니 자동적으로 그 가옥에 속해 있는 가정이 신앙 공동체에서 중요한 역할을 맡았고 특별히 가장이 중요한 역할을 감당하였다. 가옥교회는 반드시 가정과 연결된 형태를 가지게 되었고 또 가옥교회에는 반드시 가정이 합류할 수밖에 없었다는 점에서 가옥교회는 가정교회라고 불릴 수 있다.

초기 기독교는 자신을 "하나님의 가정"(familia Dei)으로 간주하는 신학적 대의를 가지고 있었다. 그것은 물리적으로는 가옥교회라는 형태를 통해서 실현되었다. 가옥교회는 하나님의 가정이라는 신학적 이상을 물리적으로 실현한 것이다. 이런 점에서 가옥교회는 "하나님의 가정" 교회라고 불릴 수 있다. 초기 기독교에 가옥교회가 형성될 수밖에 없었던 까닭은 하나님의 가정이라는 신학적인 의의와 이상 때문이다.

1. 공동체 이상의 계승

1) 구약성경의 공동체 이상

초기 기독교의 "하나님의 가정"이라는 이상은 구약성경으로부터 전수받은 것이다. 구약 공동체는 근본적으로 가정으로서의 공동체였다.[284] 물론 이것은 확장된 대가족(die ausgeweitete Grossfamilie)을 가리킨다. 구약

시대에 가정은 서로 깊이 결속되어 있는 사회적, 경제적, 신학적 영역들의 근본적인 초점(basic focal point)이었다. 가정에서 이스라엘 공동체가 성립되며, 가정이 땅을 소유하며, 가정은 하나님과의 관계에서 형성되기 때문이다.[285] 구약 공동체가 가정의 의미를 가진다는 것은 두 가지 측면에서 확증된다.

첫째로 구약 공동체는 자주 아브라함, 이삭, 야곱 같은 족장들과의 계보적(출생적) 관계에서 가정으로 이해되었다.[286] 구약 공동체는 족장들을 아버지로 삼는 가정이었다. 이스라엘의 열두 지파는 야곱의 자손이었기 때문에 처음부터 가정적인 개념으로 출발하였고, 소급하면 아브라함이 구약공동체의 아버지로 여겨졌다. 이 사실은 이스라엘의 신앙 고백으로 표현되었는데(수 24:2-13), 심지어는 신약교회도 인정하는 내용이다(행 7:2-8). 또한 아브라함이 이스라엘 공동체의 아버지라는 사상은 선지자들의 예언 속에서도 선포되었다(겔 33:24 참조). 대표적으로 이사야 선지자는 다음과 같이 아브라함("너희를 떠낸 반석")과 사라("너희를 파낸 구덩이")를 이스라엘의 출원으로 소개한다:

"너희를 떠낸 반석과 너희를 파낸 우묵한 구덩이를 생각하여 보라 너희의 조상(אֲבִיכֶם) 아브라함과 너희를 낳은 사라를 생각하여 보라" (사 51:1-2).

이러한 용어들은 아브라함까지 소급하는 족장들을 통

하여 맺어진 공통적 혈연 계보와 아브라함의 자손이라는
공동 운명에 의존하는 것처럼 보인다.[287] 이렇게 이스라
엘 공동체는 아브라함을 아버지로 삼는 가정을 국가와 동
일한 것으로 여겼다.[288]

그러나 구약공동체가 가정으로 이해된 것은 족장들과
의 계보적인 관계를 넘어 더 근본적인 기초에 근거한다.
구약 공동체는 하나님 아버지와의 창조적/구속적 관계에
서 가정으로 이해되었다.[289] 하나님이 이스라엘의 아버지
라는 신학은 대표적으로 다음과 같은 구절들에서 분명하
게 확인된다.

> "우매무지한 백성아 여호와께 이같이 보답하느냐 그는 너
> 를 얻으신 너의 아버지가 아니시냐 너를 지으시고(עָשָׂה) 세
> 우셨도다"(신 32:6).

> "주는 우리 아버지시라 아브라함은 우리를 모르고 이스라
> 엘은 우리를 인정치 아니할지라도 여호와여 주는 우리의 아
> 버지시라 상고부터 주의 이름을 우리의 구속자(גֹּאֲלֵנוּ, 우리
> 를 구속하신 이)라 하셨거늘"(사 63:16. 밑줄부분은 나의 번
> 역).

> "그러나 여호와여 주는 우리 아버지시니이다 우리는 진흙
> 이요 주는 토기장이(יֹצְרֵנוּ, 우리를 만드신 이)시니 우리는 다
> 주의 손으로 지으신 것(מַעֲשֵׂה)이라"(사 64:8[MT 64:7]. 밑
> 줄부분은 나의 번역).

> "우리는 한 아버지를 가지지 아니하였느냐 한 하나님의 지

으신(בָּרָא) 바가 아니냐 어찌하여 우리 각 사람이 자기 형
제에게 궤사를 행하여 우리 열조의 언약을 욕되게 하느냐"
(말 2:10).

"저가 내게 부르기를 주는 나의 <u>아버지</u>시요 나의 하
나님이시요 나의 구원(יְשׁוּעָתִי)의 바위시라 하리로다"
(시 89:26[MT 89:27]).

이렇게 하나님이 이스라엘의 아버지가 되시고 이스라
엘은 하나님의 자녀라는 사상은 율법과 선지서와 시편 등
구약성경의 전반에 걸쳐 나타나는 중요한 사상이다. 그러
므로 가정 메타포는 하나님이 그의 백성 이스라엘에 대하
여 가지는 관계를 묘사하기 위하여 구약성경의 기록자들
이 채용한 여러 가지 메타포 가운데 아주 중요한 것이었
다.[290] "종교적인 의미에서 볼 때 '가정'으로서의 이스라
엘 공동체라는 형태야말로 하나님께서 특별한 관계를 맺
은 대상이다."[291] 이스라엘 공동체는 하나님의 가정으로서
당시의 모든 이방 백성에게 구별되는 모습을 보여주었다.

2) 예수 그리스도의 공동체 이상

"하나님의 가정"을 지향하는 예수 그리스도의 이상
은 사실상 구약성경이 추구했던 공동체 이상의 회복이
라고 볼 수 있다. 구약성경의 가정 메타포는 예수 그
리스도의 운동이 가정 모델을 형성하기 위해서 사용했
던 개념적인 자료에 강력한 공헌을 했다.[292] 초기 기독

교는 본질적으로 가정 공동체라고 불릴 수 있다. 왜냐하면 예수 그리스도께서 원하셨던 교회의 중요한 본질이 가정이라는 이념에서 출발하기 때문이다.[293] 사실상 이것은 주님께서 지상 활동의 절정에서 제시하신 이념이다.

이때 예수 그리스도는 육체적인 가정을 넘어서는 가정 개념을 보여주었다.[294] 그러면 예수 그리스도의 가족은 누구인가? 이에 대한 복음서의 대답을 다음과 같이 비교적으로 살펴볼 수 있다(마 12:46-50; 막 3:31-35; 눅 8:19-21).

〈표 6〉 마태복음 12:46-50 par (필자의 번역)

마 12:48-50		막 3:33-35		막 8:21	
48 그는 자기에게 말하는 사람에게 대답하여 이르셨다. 누가 내 어머니이며 누가 내 형제들이냐?	ὁ δὲ ἀποκριθεὶς εἶπεν τῷ λέγοντι αὐτῷ· τίς ἐστιν ἡ μήτηρ μου καὶ τίνες εἰσὶν οἱ ἀδελφοί μου;	**33** 그는 그들에게 대답하여 이르신다. 누가 내 어머니이며 형제들이냐?	καὶ ἀποκριθεὶς αὐτοῖς λέγει· τίς ἐστιν ἡ μήτηρ μου καὶ οἱ ἀδελφοί [μου];	**21** 그는 그들에게 대답하여 이르셨다.	ὁ δὲ ἀποκριθεὶς εἶπεν πρὸς αὐτούς·
49 그리고 그는 자기의 손을 자기의 제자들에게 내밀며 이르셨다. 보라 내 어머니와 내 형제들이다.	καὶ ἐκτείνας τὴν χεῖρα αὐτοῦ ἐπὶ τοὺς μαθητὰς αὐτοῦ εἶπεν· ἰδοὺ ἡ μήτηρ μου καὶ οἱ ἀδελφοί μου.	**34** 그리고 그는 자기를 둘러앉은 자들을 둘러보시며 이르신다. 보라 내 어머니와 내 형제들이다.	καὶ ἀποκριθεὶς αὐτοῖς λέγει· τίς ἐστιν ἡ μήτηρ μου καὶ οἱ ἀδελφοίμου;		
50 누구든지 하늘에 계신 내 아버지의 뜻을 행하는 자가 내 형제요 자매요 어머니이다.	ὅστις γὰρ ἂν ποιήρῃ τὸ θέλημα τοῦ πατρός μου τοῦ ἐν οὐρανοῖς αὐτός μου ἀδελφος καὶ ἀδελφὴ καὶ μήτηρ ἐστίν.	**35** 누구든지 하나님의 뜻을 행하는 자가 내 형제요 자매요 어머니이다.	ὃς ἸγὰρÐ ἂν ποιήσῃ τὸ θέλημα τοῦ θεοῦ, οὗτος ἀδελφός μου καὶ ἀδελφὴ καὶ μήτηρ ἐστίν.	내 어머니와 내 형제들은 곧 하나님의 말씀을 듣고 행하는 이 사람들이다.	μήτηρ μου καὶ ἀδελφοί μου οὗτοί εἰσιν οἱ τὸν λόγον τοῦ θεοῦ ἀκούοντες καὶ ποιοῦντες.

예수 그리스도는 마태복음에서 제자들을 염두에 두고 (마 12:49). 자신의 가족을 "하늘에 계신 내 아버지의 뜻을 행하는 자"(마 12:50)라고 말씀하셨고, 누가복음에서는 "하나님의 말씀을 듣고 행하는 사람들"(눅 8:21)이라

고 말씀하셨다. 마가복음에는 예수 그리스도께서 어떤 사람들을 자신의 가족으로 간주하셨는지 조금 더 자세하고 명확하게 제시된다. 그것은 두 가지 조건을 가지고 있다. 그들은 첫째로 "예수를 둘러앉은 자들"(막 3:34)이며, "하나님의 뜻을 행하는 자"(막 3:35)이다. 예수를 둘러앉았다는 것은 예수를 중심으로 삼는다는 의미이다. 따라서 예수 그리스도의 가정은 예수 그리스도께서 중심이 되는 가정 공동체이다.[295]

또한 예수 그리스도의 가정은 하나님의 뜻을 행하는 사람들로 구성된다. 예수의 가정 공동체는 하나님의 뜻을 행한다는 점에서 "하나님의 가정"이라고 부를 수 있다. 하나님은 아버지가 되시고 신자들은 자녀가 되며, 신자들 사이에는 형제의 관계가 형성된다.[296] 예수 그리스도의 가르침에서 가정은 하나님의 통치 아래 있는 삶을 묘사하는 데 가장 적합한 영역과 상징이다. "이런 가정에서 하나님은 자비롭고 은혜롭고 용서하는 '아버지'로 경험된다… 예수의 말씀을 듣고 행하는 신자들은 그의 새로운 가정을 형성하며 하늘 아버지의 참 '자녀들'이 되고 서로는 '형제들과 자매들'이 된다."[297]

이렇게 볼 때 예수 그리스도의 가정은 재정의(再定義)된 가정(the redefined family)으로서 종말론적 가정(the eschatological family)이다.[298] 이와 같은 참된 가정이라는 새로운 개념에서는 모든 출신, 가문, 성별의 구분이 제거된다.[299] 이것은 사도 바울이 골로새서 3:11에서 제시한 것과 같다(참조. 고전 12:13; 갈 3:28). 예수 그리스도의 가정에서는 모든 사회적 관계가 해체된다. 그러나 새가정 성립의 결과가 실제 가정과의 결렬 또는 단절을 의미하는 것은 아니다.[300] 이렇게 생각하는 것은 잘못이다. 왜냐하면 예수 그리스도는 신자들에게 가정과의 결별을 요구하지 않았기 때문이다.[301] 그래서 주님께서는 병자를 고친 후에 가정으로 돌아가라고 하셨던 것이다(막 2:11; 5:19; 8:26; 참조 막 1:44). 단지 변화가 있다면 예수 그리스도를 만난 후에 실제 가정을 새롭게 이해하는 계시를 얻는다는 것이다. 예수 그리스도의 제자들은 그의 관점에서 자신들의 실제 가정을 새로운 각도에서 이해하게 된다. 실제 가정이라는 구조 위에 새가정이라는 상위 구조가 성립된 것이다. 이렇게 하여 상위 개념으로 하위 개념을 파악하는 길이 열리게 되었다.

초기 기독교가 예수 그리스도의 말씀을 받아들였다는 것은 자신을 가정 공동체로 이해했다는 의미이다. 이것은 한 마디로 말해서 교회가 하나님의 가정이라는 것을 의미한다.

3) 사도교회(초기 기독교)의 공동체 이상

그런데 이런 구약의 공동체 이상은 예수 그리스도를 통하여 재확인되었고 초기 기독교는 이것을 역사상에 펼쳐나갔다. 예수 그리스도의 추종자들은 구약성경으로부터 신앙의 가정 모델을 형성했던 것이다.[302] 이 때문에 신약 성경은 구약성경이 보여주는 가정으로서의 공동체 이상을 답습했는데, 신약 공동체도 결국은 아브라함의 후손이라는 사상을 진술하는 데서 특히 그렇다(갈 3:28-29). [303]게다가 초기 기독교는 처음부터 공동체를 하나님의 가정으로 이해함으로써 하나님을 아버지라고 부르는 데 아무런 어려움이 없었다. 그래서 대표적으로 사도 바울도 하나님을 가리켜 아버지라 부르기를 좋아했다. [304]

또한 구약성경의 형제 개념은 초기 기독교의 형제 사상의 발전을 위한 출발점을 제공한다.[305] 사도 바울은 여러 곳에 흩어져있는 성도들을 향해서 형제, 자매라는 말을 쓰기를 좋아했다.[306] 예를 들면 사도 바울은 고린도전서에서 "형제"(ἀδελφός)를 모두 41번 사용하는데 그 중에 "주의 형제들"(οἱ ἀδελφοὶ τοῦ κυρίου)을 가리키는 고린도전서 9:5를 제외하고는 모두 하나님의 가정을 묘사하는 데 사용했다. 이것은 사도 바울이 기독교 공동체를 새로운 가정으로 이해했다는 것을 의미한다.[307] 이것은 결국 하나님의 보편적인 교회 그 자체가 하나님의 가정이라는 사실을 보여준다. 이런 의미에서 초기 기독교는 보편적인 교회를 "하나님의 가정" 교회로 이해했던 것이다.

초기 기독교가 자신을 새로운 가정으로 이해했다는 사실은 골로새서에 제시된 것과 같은 가정 지침(Haustafel, House code)을 볼 때 어렵지 않게 확인할 수 있다(골 3:18-4:1).[308] "가정 지침(교회 지침)을 볼 때 오이코스

를 지향하면서 결국 교회적인 특성을 지닌 그룹들을 에
클레시아(ἐκκλησία)라는 새로운 공동체로 통합하는 종교
적인 그룹화 운동들이 시야에 들어온다."[309] 이런 의미에
서 가정 지침이란 가옥(오이코스)을 중심으로 하는 초기
기독교의 가옥 공동체가 뿜어내는 신선함과 특수함이 가
정 지침에 의하여 문학적으로 표현된 것을 가리킨다. 가
정 지침은 새로운 공동체의 사회학적인 성격을 문학적으
로 표현한 것이다. "가정 지침(교회 지침)에서 특별히 새
롭고 기독교적인 것은 구체적인 기독교 공동체인데, 그것
의 사회학적인 프로필은 이 지침들에서 문학적으로 표현
된다."[310]

2. 공동체 이상의 실현

이렇게 초기 기독교는 구약의 교회사상으로부터 예수
그리스도의 교회관을 거쳐 사도들의 교회론으로 전진하
는 선상에서 교회를 "하나님의 가정"이라는 개념으로 이
해하였다. 그런데 하나님의 가정으로서의 교회가 각 지역
에 자리를 잡게 되었을 때, 원활한 집회를 위하여 당연히
어떤 공간을 사용할 수밖에 없었다. 초기 기독교가 집회
공간으로 활용하기 위해서 택한 것은 여러 형태였는데 대
표적으로 성전과 가옥을 언급할 수 있다. 이렇게 볼 때 초
기 기독교는 성전에서 모였든지 가옥에서 모였든지 결국
처음부터 하나님의 가정이라는 본질을 가지고 있었던 것

이다. 그런데 초기 기독교는 시간이 흐르면서 성전보다는 가옥을 집회 장소로 선택하게 되었다. 예외가 없는 것은 아니지만 초기 기독교는 대체로 개인 가옥을 집회 장소로 사용하는 경향을 보여준다. 신약성경이 몇 차례 "…의 집에 있는 교회"(ἡ κατ' οἶκον NN ἐκκλησία)라는 표현을 쓸 때(롬 16:5; 고전 16:19; 골 4:15; 몬 2), 그 말은 무엇보다도 형이상학적인 의미에서 가정으로서의 집이 아니라 물리적인 의미에서 건물로서의 집을 가리키는 것이다.[311] 이것은 초기 기독교가 성전교회의 형태와 회당교회의 형태를 떠나서 가옥교회의 형태를 취했다는 뜻이다.

초기 기독교에서 가옥교회는 유대교의 가옥회당이나 이방 종교의 가옥신당과 질적으로 다른 길을 추구하는 신학적인 대의를 가지고 있었다. 그것은 물질과 공간에서 자유를 얻음으로써 불가시적 공동체의 이상을 실현하는 것이다. 초기 기독교는 가옥교회라는 방식으로 그 이상을 구체화했다. 따라서 가옥교회의 출현은 가시적인 것에 얽매이지 않은 새로운 종교의 실현을 의미한다. 바로 이런 신학적인 대의가 초기 기독교가 가옥교회를 형성시키고 견지시킨 가장 중요한 원인이라고 말할 수 있다.

유대교의 가옥회당이나 이방 종교의 가옥신당과 질적으로 다른 상황을 연출한 초기 기독교의 가옥교회는 특히 개인의 신앙을 확립하는 것과 가정을 복음화 하는 두 가지 사명을 보여주었다. 개인 신앙 확립과 가정 복음화는 실제로 순환적 관계를 가지고 있지만 편의상 나누어 살펴

보고자 한다.

1) 개인 신앙 확립

가옥교회의 사명은 무엇보다도 개인의 신앙 확립에 중점을 두는 것이었다(롬 12:3). 개개인이 신앙을 고백하지 않는다면 역시 가옥에 모인다는 것 자체가 의미가 없었다. 그래서 초기 기독교는 가옥교회를 통해서 구성원 한 명, 한 명에게 철저한 신앙을 교육할 수 있는 가능성을 마련했다. 사도행전에 자주 언급되는 가정들의 집단세례는 무조건적인 행사가 아니라 개개인의 신앙고백을 전제로 하는 것이다.[312] 초기 기독교에서 가옥교회의 이상은 근본적으로 개인의 신앙교육에게 관심한다(골 1:28). 이렇게 볼 때 초기 기독교의 가옥교회는 근본적으로 개인 신앙 고백 운동의 일환이라고 생각할 수 있다.

초기 기독교는 개인 신앙을 확립하기 위하여 여러 가지 장치를 마련하였다. 어떤 면에서 보면 성례도 개인의 신앙 표현과 관련이 있다. 세례는 각 개인이 그리스도에게 연합한다는 최초적인 고백이며(롬 6:3-4; 갈 3:27), 성찬은 각 개인이 그리스도에게 연합해 있다는 지속적인 고백이다(고전 10:14-22). 세례와 성찬은 개인 신앙의 확립을 위한 것으로 자리매김을 했다(고전 1:13-17; 11:26-29). 세례로 개인이 그리스도에게 접목된다는 것을 보였고. 성찬으로 개인이 그리스도에게 접목되어있는 것을 보였다. 그런데 개인 신앙을 확립하기 위한 장치 가운데 가장 중요한 것은 신앙교육(catechism)이다. 신앙교육은 개인의 신앙을 강화하는 데 필수적인 장치였는데, 특히 신앙 고백, 찬양시, 기도문 같은 것들이 신앙교육을 실현하는 도구로 사용되었다. 이런 점에서 초기 기독교의 가옥교회는 "신앙교육의 장소"(der Ort der katechetisch-lehrhaften Unterweisung)[313]라고 부를 수 있다.

초기 기독교에서 지역교회로서의 가옥교회가 근본적으로 개인 신앙 고백 운동이었다는 점에서 그 안에 다시 인위적으로 분할된 소그룹이 활성화되었다고 추정하는 것은 옳지 않은 것처럼 보인다. 가옥교회 안에 인위적으로 분할된 소그룹 현상에 대한 자료는 별로 진술되지 않기 때문이다. 혹시 가옥교회 안에 하위적인 소그룹이 있었다고 추정할지라도 그것을 초기 기독교의 결정적인 현상이라고 여길 수는 없다. 다시 말해서 가옥교회 안에서 소그룹은 어쩔 수 없는 필연적인 상황이 아니었다는 것이다. 게다가 만일에 가옥교회에 소그룹이 존재했다고 할지라도, 그 전제는 언제나 개인의 신앙 고백이었을 것이라는 점이 중요하다. 개인 신앙 고백이 없는 소그룹은 의미가 없기 때문이다. 따라서 초기 기독교에서 강조된 것은 소그룹 집회가 아니라 개인 신앙 고백이었다.

우리는 자주 초기 기독교의 가옥교회로부터 소그룹 운동의 전형을 찾아내려고 시도한다. 이것은 언뜻 보기에 어느 정도 일리가 있는 것처럼 보인다. 위에서 살펴본 바와 같이 실제로 당시의 교회는 가옥에서 모이는 소수의 집회였기 때문이다. 위에서 살펴본 바와 같이 분명히 가옥교회 구성원의 수는 아무리 많아도 가옥을 넘칠 수 없는 수였을 것으로 추정된다. 그러나 이런 이유 때문에 초기 기독교의 가옥교회를 소그룹 운동의 모범으로 생각하는 것은 매우 단순한 발상이다. 그것이 외형에 있어서는 소그룹이었다 할지라도 진정한 초점은 소그룹이 아니라 개개인에게 있었기 때문이다. 따라서 우리가 초기 기독교의 가옥교회로부터 배워야 할 진정한 교훈은 복음으로 실현된 개인의 강력한 교화이다. 소그룹은 오직 개인 신앙 고백이 전제될 때만 가치가 있다는 사실을 고려할 때, 만일에 오늘날 소그룹을 지향하는 교회 지도자들이 신자 개개인의 신앙을 철두철미하게 확립시키는 데는 관심이 없고 그저 모임으로서의 소그룹을 활성화하는 데만 관심을 기울인다면, 그것은 스스로 무덤을 파는 것과 다를 바가 없다.

2) 가정 복음화

더 나아가서 초기 기독교에서 가옥교회의 중요한 사명은 가정 복음화에 있었다. 초기 기독교는 개인의 신앙을 확립함으로써 가정전도의 기틀을 마련하였다. 가옥교회의 이상은 가족의 신앙화와 깊은 관련이 있었다. 가옥교회는 가족 복음화에 주력했다는 점에서 가정교회라고 불릴 수 있다. 온 가정이 예수를 믿는 것은 초기 기독교의 가옥교회에서 매우 중요한 이슈였다. 그래서 사도 바울이나 그 외의 사도들이 전도를 하게 되면 반드시 가정 전체가 예수를 믿는 일을 중요하게 여겼던 것이다.[314] 빌립보에서 사도 바울의 말을 듣고 기독교 신앙에 들어오게 된 루디아는 모든 가족과 함께 다 세례를 받았다: "그와 그 집(οἶκος)이 다 세례를 받고"(행 16:15). 빌립보 감옥의 간수는 사도 바울의 전도에 의하여 온 가족과 함께 기독교 신앙을 받아들였다: "그와 온 집안(πανοικεί)이 하나님을 믿으므로"(행 16:34). 고린도에서는 회당장 그리스보와 그의 가정이 주를 믿었다: "온 집안과 더불어(σὺν ὅλῳ τῷ οἴκῳ) 주를 믿으며"(행 18:8). 사도 바울은 스데바나의 가족에게 세례를 베풀었다: "내가 또한 스데바나 집 사람(οἶκον)에게 세례를 주었고"(고전 1:16). 이렇게 초기 기독교는 가족을 전체적으로 복음화하는데 심혈을 기울였다.[315]

3) 복음전도

가정 복음화는 초기 기독교의 가옥교회에 복음의 확산이라는 셋째 사명을 가능하게 만들었다.[316] 가옥교회는 복음의 확산을 위해서 두 가지 의미에서 결정적인 역할을 담당했다.[317]

첫째로 가옥교회로 말미암아 그리스-로마 세계에서 지배적으로 작용하던 여러 가지 무거운 장벽들(사회적이며 종교적이며 민족적인 장벽들)이 깨졌다는 것이다(고전 12:13; 갈 3:28). 그리스-로마 세계의 무거운 장벽들이 초기 기독교에서 제거되는 데는 가옥교회의 역할이 지대했다. 초기 기독교는 가옥을 집회 장소로 사용함으로써 유대교나 이방세계와 달리 공간의 자유를 분명하게 표현하였다. 가옥회당을 가지고 있던 유대인에게나 가옥신당을 가지고 있던 이방인에게나 중심점은 결국 특정한 신전이었다. 이에 비하여 이런 특정한 신전이 없이 오직 가옥을 집회 장소로 사용하는 초기 기독교[318]는 건물에서의 자유로움을 통하여 복음의 자유 정신을 강하게 증명하였다. 초기 기독교에서 집회 장소를 위한 가옥의 사용은 유대교와 이방 종교에 대한 차별화를 보여줄 뿐 아니라 모든 계층의 사람들에게 교제와 자유를 보장함으로써 선교를 촉진시키는 중요한 요인이 되었다.[319] 초기 기독교의 가옥교회는 대단히 중요한 의미를 가진다. 그것은 가옥교회를 통해서 사람들이 기독교에 접근하는 것이 용이할 수 있었기 때문이다. 불신자들이 가옥교회에 쉽게 접근할 수 있었던 이유로 최소한 두 가지를 생각해 볼 수 있다.

무엇보다도 그리스-로마 세계에는 가옥을 근거지로 삼는 종교가 성행했고, 유대인들의 종교 전통도 가정 생활에 깊이 엮여 있었다.[320] 이런 종교들은 모두 가옥을 중심으로 형성되었다. 따라서 가옥을 중심으로 한 종교에 익

숙해 있던 당시의 사람들은 가옥교회의 형태를 지닌 초기 기독교에 접근하는 것에 어려움을 느끼지 않았을 것이다. 이렇게 가옥교회에 대한 불신자들의 접근성은 로마 세계의 가옥 중심 종교와 유대교의 가옥회당의 유사성에 근거하는 것으로 생각할 수 있다.[321] 만일에 초기 기독교가 공식적인 집회 장소를 소유했다면 로마 세계의 사람들이 복음을 접하는 일에 큰 장애를 일으켰을지도 모른다. 그러나 초기 기독교는 가옥교회라는 방식을 가짐으로써 자연스럽게 이교적인 이웃들에게 알려지게 되었다. 가옥교회는 자신을 적극적으로 개방할 수 있었고, 이교적인 이웃들은 가옥교회에 호의적으로 접근할 수 있었다.

더 나아가서 초기 기독교의 가옥교회에 대한 그리스-로마 세계의 사람들의 접근성은 가정 메타포 때문에 더욱 용이했다고 보아야 한다. 가정 메타포는 초기 기독교가 로마 세계의 사람들과 교통하는 도구들 가운데 결정적인 것이 되었다. 가정 메타포는 로마인들에게 기독교를 이해시키고, 인식시키고, 친숙하게 만들어주었기 때문이다.[322] 물론 로마 세계의 가정 메타포는 계급적인 권위(authority)를 상징하지만, 초기 기독교의 가정 메타포는 가장의 권위뿐 아니라 가족의 평등(equality)도 묘사한다는 점에서 근본적인 차이가 있었고,[323] 이런 차이 때문에 로마 세계의 사람들은 초기 기독교에게 놀라움을 느꼈을 것이다.[324]

둘째로 복음의 확산을 위한 가옥교회의 결정적인 역할

은 가옥교회들이 선교사역에 직접적인 지원을 시행했다는 것이다. 초기 기독교의 가옥교회는 전도/선교에 지향점을 가졌기 때문에 선교사역을 직접적으로 지원했다. 가옥교회는 선교사들에게 양분을 제공하는 기반(nurturing grounds)이었다.[325] 선교사들은 가옥교회로부터 지원과 격려와 물질적 보조를 받았을 것이다(롬 15:24; 16:2). 더 나아가서 가옥교회의 구성원들은 가정(고전 7:12-14; 벧전 3:1; 딤전 6:1)과 이웃(행 10:24)과 외국(행 13:1-3)을 향한 복음전도의 소명을 듣고는 최선을 다하는 반응을 보였을 것이다.

4) 교직 체계 성립

초기 기독교는 수평체계와 수직체계를 병행한 것처럼 보인다. 초기 기독교의 수평체계는 코이노니아(κοινωνία)라는 개념으로 표현되었다. 성도들 사이에 물질적인 공유라든가 성찬과 애찬 같은 방식은 코이노니아의 대표적인 방식들이었다(행 2:42; 참조. 46-47). 특히 성찬(κυριακὸν δεῖπνον)과 애찬(ἀγάπη)은 초기 기독교에서 코이노니아를 실현하는 방식으로 지속적으로 강조되었던 것처럼 보인다(고전 11:17-34; 유 12). 그러나 이와 같은 수평체계와 더불어 초기 기독교에서는 수직체계가 매우 중요시되었다. 초기 기독교에 오늘날과 같은 세밀한 제도가 있었던 것은 아니지만 그럼에도 불구하고 분명한 수

직체계가 존재했다.[326] 그리스-로마 세계의 가정에 가장
(pater familias)이 있었듯이, 하나님의 가정으로서의 초
기 기독교에도 지도자가 있었다. 그것은 무엇보다도 사도
들에 의하여 지도되는 수직체계이다. 그래서 사도들의 가
르침(διδαχή)은 초기 기독교에서 수평체계의 모든 방식보
다 항상 우선하는 것으로 받아들여졌다(행 2:42).

여기에서 간과해서는 안 될 한 가지 더 중요한 사실은
가옥교회의 지도자들은 사도적인 수직체계 안에서 사도
바울과 같은 사람들에 의하여 여러 가지 방식으로(예를
들면 서신교류나 직접 방문) 성경과 신학을 직접적으로
지도 받았고(고전 16:15-18), 사도적인 권위 아래 그런
지도를 계승받은(딤후 2:1-2 참조) 고급인력(오늘날로
말하자면 목회자)이었다는 것이다. 초기 기독교의 가옥교
회에서 지도자로 역할을 했던 사람들은 고도의 성경실력
과 신학지식을 구비한 인물들이었다는 것이 반드시 기억
되어야 한다. 오늘날 때때로 많은 사람들이 초기 기독교
에서 가옥교회의 지도자들은 성경에 있어서나 신학에 있
어서 별로 재간이 없는 평범한 사람들이었다고 강변하려
는 태도를 취하지만 아마도 이것처럼 우스운 오해도 없을
것이라는 생각이 든다. 왜냐하면 초기 기독교 가옥교회의
지도자들은 대부분 사도들과 직접적인 관계 속에서 성경
과 신학을 습득한 사람들이기 때문이다. 예를 들어 로마
서 16장에 열거된 지도자들을 꼼꼼히 살펴보면 그들을 가
리켜 오늘날의 평신도 지도자와 같은 사람들이라고 부를

수 있는 가능성은 거의 없을 것이다. 이렇게 볼 때, 초기 기독교의 가옥교회는 평신도적인 수평체계에 의하여 운영된 것이 아니다. 오히려 초기 기독교의 가옥교회를 이끌어간 것은 철저하게 사도적인 수직체계였다.

초기 기독교는 철저하게 사도적 권위 아래 수직적인 제도로 형성되어 있었다. 거기에는 조직이 없는 것이 아니라 오히려 훨씬 더 강화된 조직이 있었다. 사도 권위가 맨 위에 놓여 있었고, 그 아래 장로나 집사와 같은 여러 직제들이 있었다. 그것은 피라미드와 같은 엄격한 구조는 아니라도 대단히 짜임새 있는 중요한 조직이었다. 따라서 초기 기독교를 단지 수평적인 체계로 보는 것은 잘못이다. 이런 수직적인 체계 안에서 사도들의 가르침은 대단히 중요한 역할을 했다. 그리고 이런 체계 가운데 사도들의 가르침은 제자들을 통해서 계승되고 제자들은 말씀을 가르치는 중요한 역할을 감당했다.

그런데 이런 사도적인 가르침은 성령께서 주도하셨다. 성령의 활동은 사도들의 가르침과 동떨어진 것이 아니라, 사도들의 가르침과 항상 능력적으로 병행을 했다(살전 1:5).[327] 성령의 활동과 사도들의 가르침은 함께 움직이며 일을 했다. 왜냐하면 성령의 활동은 사도들의 가르침을 힘있게 만들었고, 사도들의 가르침이 성령의 활동을 증명했기 때문이다. 이런 점에서 계시의 통로로 사용된 사도들을 위한 성령의 활동(엡 3:5)과 구원의 과정에 참여하는 성도들을 위한 성령의 활동(엡 2:18,22)은 구분될 필요가 있다. 그러므로 성도들 모두에게 성령이 임했다 할지라도 그것은 성도들이 신앙생활하는데 능력을 발휘하기 위한 것이었지 그 자체가 성도들 사이에 어떤 사도적 권위를 주장하는 것은 아니다. 사도 바울이 분명하게 말한 것처럼 모든 성도는 반드시 성령으로 세례를 받을 때만 그리스도의 몸에 붙어진다(고전 12:13; 갈 3:1-3). 그러나 성령에 의한 가르침의 권위는 특별히 사도들에게 주어졌다. 모든 신자들이 그리스도의 몸에 붙는 것이 성령의 활동이라 할지라도 성령에 의한 특별한 가르침은 사도들에 의해서만 주어졌다는 바로 그 이유 때문에 결정적인 교직 체계가 갖추어진 것이다.

결론

현대교회는 여전히 초대교회를 동경하고 있다. 그리고 지금도 현대교회는 초대교회로 돌아가고자 하는 끝없는 이상을 실현하기 위하여 수많은 노력을 기울이고 있다. 그러나 현대교회는 아직도 초대교회로 돌아간다는 것이 무엇을 의미하는지 정확하게 파악하지 못하고 있는 것 같다. 하지만 더 큰 문제가 되는 것은 초대교회로의 귀환을 위한 방식이 확정되지 못한 아쉬움은 둘째 치고 초대교회가 어떤 형태를 가지고 있었는지조차 제대로 알지 못하고 있다는 사실이다.

초기 기독교는 구약성경에서 시작하여 예수 그리스도를 통해 사도들에게 전달된 하나님의 가정(familia Dei)이라는 신학을 교회론의 큰 우산으로 생각했다. 그리고 초기 기독교는 하나님의 가정을 실현하기 위하여 처음에는 성전과 가옥, 다음에는 회당과 가옥을 집회 장소로 병용하다가 유대교로부터 추방당하면서 차츰 신자들의 가옥을 주로 집회 장소로 활용하는 길로 들어섰다. 그 결과로 초기 기독교에서 가옥교회는 가장 분명한 교회 형태로 자리를 잡게 되었다.

그런데 초기 기독교의 가옥교회는 다음과 같이 최소한 세 가지 면에서 가정교회라고도 불릴 수 있다. 첫째로 예수 그리스도께서 원하셨던 교회의 중요한 본질이 가정이라는 이념에서 출발하기 때문에 초기 기독교는 본질적으로 가정 공동체라고 정의될 수 있다. 둘째로 위의 내용과 연관되어 가옥교회는 보편적인 교회가 하나님의 가정이라는 신학적인 이상을 물리적/공간적으로 실현한 것이므로 가정교회(엄격히 말하자면 "하나님의 가정" 교회)이다. 셋째로 가옥교회는 초기 기독교 시대의 상황에서 필연적으로 가정과 연관되는 가옥을 집회 장소로 내준 가정을 포함하고 있으므로 가정교회로 이해될 수 있다. 이렇게 여러 가지 이유로 초기 기독교의 교회 형태를 가리켜 가정교회라고 부른다고 해도 현실은 엄연히 가옥교회였다는 사실을 잊으면 안 된다.

초기 기독교의 가옥교회에는 수직성과 수평성이 병존했다. 수평성은 모든 신자들이 형제와 자매라는 관계를 유지한다는 점에서 확립되었다. 이런 수평성은 무엇보다도 모든 신자들이 성령으로 말미암아 한 몸이 되었다는 사실에서 기인한다. 교회는 모든 개인이 성령으로 세례를 받았기 때문에 성령 공동체이다. 물론 계시의 수납자였던 사도들을 향한 성령의 활동은 특별한 것이었다. 수직성

은 신자들이 하나님을 아버지로 예배하면서 예수 그리스
도의 사도들의 가르침을 따른다는 점에서 확립된다. 물론
수직성이 언제나 수평성보다 우선했다는 사실이 결정적
으로 중요하다. 이런 수직성 때문에 초기 기독교에는 사
도, 감독/장로, 집사와 같은 여러 가지 단계적인 직분이
형성되었던 것이다. 이렇게 볼 때 초기 기독교는 상당히
제도적 교회였다는 것을 부인할 수 없다. 가옥교회의 지
도자들은 이런 수직성 가운데 성경과 신학을 전수받은 사
람들이었다.

이와 같은 교훈적 체계를 보유한 초기 기독교의 가옥교
회가 주력했던 것은 개인의 신앙을 확립하는 일이었다.
각 신자가 신앙을 확립하지 않고는 공동체가 존립할 수
없기 때문이다. 그러므로 가옥교회의 목표는 어떤 곤란
한 상황에서도 각 신자가 자생적(自生的)이며 자성적(自
成的)인 믿음을 갖추게 하는 데 있었다. 이런 이유 때문에
초기 기독교의 가옥교회 안에 인위적으로 더 잘게 분할
된 소그룹이 있었다는 진술이 자주 눈에 띄지 않는다. 아
마도 이미 소수로 형성된 가옥교회는 더 작은 소그룹들을
만들어야 할 필요를 느끼지 않았을 것이다.

초기 기독교가 개인의 신앙 확립을 중요하게 생각한 것
은 개인을 통한 가정 복음화를 위한 것이었다. 신약성경
의 증거에 따르면 대체적으로 가옥교회의 형성에 고넬료
와 루디아 같은 개인의 회심이 전제되는 것을 볼 수 있다.
개인의 변화가 가옥교회를 형성하는 중요한 요인이 되었

다. 그런데 개별적으로 가옥교회에 들어온 사람들은 다시 자신의 가정을 복음화 하는데 기여했을 것으로 확인된다. 그러므로 가족 전도는 초기 기독교에서 가옥교회의 지대한 사명 가운데 하나로 간주되었다.

이와 더불어 초기 기독교의 가옥교회는 다양한 방면으로 복음전도에 이바지했다. 그것은 무엇보다도 가옥교회가 개방된 집회 공간의 이점을 살려 실제로 복음전도의 문을 열어놓았다는 사실에서도 발견되며, 여러 가지 방식을 도모하여 전도자/선교사를 지원했다는 사실에서도 발견된다. 이런 점에서 초기 기독교의 가옥교회는 모든 사람을 향하여 용이하게 접근하는 복음전도의 요람이었다고 평가할 수 있다.

이것이 초기 기독교의 가옥교회의 모습이다. 오늘날 현대교회는 초대교회로 돌아가고자 무진 애를 쓰고 있는 듯이 보인다. 그 애씀은 초대교회의 형태를 아는 것에서부터 시작되어야 할 것이다. 현대교회가 돌아가려는 초대교회가 무엇인지 제대로 파악해야만 초대교회로 돌아가는 방식도 제대로 파악할 수 있을 것이기 때문이다. 분명히 초기 기독교의 가옥교회는 우리가 아직도 가슴에 품어야 할 이상형이지만, 그 정체를 알지 못한 채 우리가 꾸며낸 방식을 가지고 제 맘대로 돌아갈 수 있는 대상은 결코 아니다.

참고문헌

Balch, D. L. and Osiek, C. (eds.), *Early Christian Families in Context,* Grand Rapids: Eerdmans, 2003.

Banks, R., *Paul's Idea of community: The Early House Churches in Their Cultural Setting,* Peabody: Hendrickson, 1980, 1982.

Barclay, J. M. G., "The Family as the Bearer of Religion in Judaism and Early Christianity," in H. Moxnes, ed., *Constructing Early Christian Families: Family as Social Reality and Metaphor,* London / New York: Routledge, 1997, 66-80.

Barth, M. / Blanke, H., "House Churches," *The Letter to Philemon. A New-Translation with Notes and Commentary,* Grand Rapids: Eerdmans, 2000, 260-262.

Bieritz,K.-H./Kähler,Chr., "Haus III," *TRE* 14, Berlin / New York: Walter de Gruyter, 1985, 478-492.

Blue, B., "Acts and the House Church," in D. W. J. Gill and C. Gempf (eds.), *The Book of Acts in Its First Century Setting, vol. 2. The Book of Acts in Its Graeco-Roman Setting,* Grand Rapids: Eerdmans/ Carlisle: Paternoster, 1994, 119-222.

Branick, V. P., *The House Church in the Writings of Paul,* Zacchaeus Studies: New Testament, Wilmington: Glazier, 1989.

Brown, R. E., *The Epistles of John* (AncB 30), Doubleday: The Anchor Bible, 1982.

Bruce, F. F., *The Pauline Circle*, Carlisle: Paternoster, 1985.

Burchard, Chr., *Der dreizehnte Zeuge. Traditions- und kompositionsgeschichtliche Untersuchungen zu Lukas' Darstellung der Fruhzeit des Paulus* (FRLANT 103), Göttingen: Vandenhoeck/ Ruprecht, 1970.

Chow, J. K., *Patronage and Power. A Study of Social Network in Corinth* (JSNT.SS 75), Sheffield: Sheffield Academic Press, 1992.

Clarke, J. R., *The Houses of Roman Italy 100 B.C.-A.D. 250: Ritual, Space, and Decoration*, New Jersey: University of California, 1993.

Dautzenberg, G., "Zur Stellung der Frauen in den paulinischen Gemeinden," in G. Dautzenberg / H. Merklein / K. Müller (hg), *Die Frau im Urchristentum*, Freiburg: Herder 1983, 1992, 182-224.

Deichmann, F. W., "Vom Tempel zur Kirche," in *Mullus: Festschrift Theodor Klauser* (JAC Ergänzungsband 1), Münster: Aschendorff, 1964, 52-59 (= in ders., Rom, Ravenna, Konstantinopel, Naher Osten. Gesammelte Studien zur spatantiken Architektur, Kunst und *Geschichte*, Wiesbaden, 1982, 27ff.).

Dodd, C. H., *The Apostolic Preaching and Its Development*, Grand Rapids: Baker, 1980 (1936).

Dunn,J. D. G., *The Epistles to the Colossians and to Philemon. A*

Commentary on the Greek Text (NIGTC), Grand Rapids: Eerdman / Carlisle: Paternoster, 1996.

Dwyer, E. J., *Pompeian Domestic Sculpture: A Study of Five Pompeian Houses and Their Contents,* Roma: Bretschneider, 1982.

Filson,F.V., "The Significance of the Early House Churches," *JBL* 58 (1939), 105-12.

Finger, R. H., *Paul and the Roman House Churches: A Stimulation,* Scottdale/Waterloo: Herald Press, 1993.

Finney, P. C., "Early Christian Architecture: The Beginning," Review Article. *Harvard Theological Review* 81 (1988), 319-39.

Friedel, E., "Der neutestamentliche Oikos-Begiff in seiner Bedeutung fur den Gemeindebau," in *Domine dirige me in verbo tuo. Herr, leite mich nach Deinem Wort! Festschrift zum 70. Geb. von Landesbischof D. Moritz Mitzenheim,* Berlin: Evangelische Verlagsanstalt, 1961, 89-106.

Gärtner, B., *The Temple and the Community in Qumran and the New Testament. A Comparative Study in the Temple Symbolism of the Qumran Texts and the New Testament,* Cambridge: Cambridge University Press, 1965.

Gehring, R., *Hausgemeinde und Mission - Von Jesus bis Paulus,* Giessen: Brunnen Verlag, 2000 (= House Church and Mission: The Importance of Household Structures in Early Christianity, Peabody:

Hendrickson Publishers, 2004).

Gielen, M., "Zur Interpretation der paulinischen Formel ἡ κατ᾽ οἶκον ἐκκλησία, *ZNW* 77 (1986), 109-25.

Gnilka,J., Der *Philemonbrief* (HThK 10.4), Freiburg 1982.
Goetzmann, J., "οἶκος," *Theologisches Begriffslexikon zum Neuen Testament,* herausgegeben von Lothar Coenen, Erich Beyreuther und Hans Bietenhard, Budapest: Brockhaus, 1971, 1993, 637-640.

Graham, J. W., "Origins and Interrelations of the Greek House and the Roman House," *Phoenix* 20 (1966), 3-31.

Guijarro, S., "The Family in First-Century Galilee," in H. Moxnes, ed., *Constructing Early Christian Families: Family as Social Reality and Metaphor,* London / New York: Routledge, 1997, 42-65.

Haenchen,E., *Die Apostelgeschichte* (KEK), Göttingen: Vandenhoek/ Ruprecht, 1956, 10. Aufl.

Harmon, D. P., "The Family Festivals of Rome," *ANRW* 2.16.2. 1592-1603.

Hellerman, J. H., *The Ancient Church as Family,* Minneapolis: Fortress 2001.

Hooker, M., "Mark's Vision for the Church," in M. Bockmuehl / M. B. Thompson, eds., *A Vision for the Church: Studies in Early Christian Ecclesiology in Honour of J. P. M. Sweet,* Edinburgh: Clark 1997, 33-

43.

Hurd,J.C.jr, *The Origin of 1 Corinthians*, London: SPCK, 1965.

Jacobs-Malina, D., *Beyond Patriarchy. The Images of Family in Jesus*, New York: Paulist, 1993.
Judge, E. A., *The Social Pattern of the Christian Groups in the First Century. Some Prolegomena to the Study of New Testament Ideas of Social Obligation*, London: The Tyndale Press, 1960.

Kee, H. C., *Community of the New Age: Studies in Mark's Gospel*, London: SCM, 1977.

Klauck, H. -J., *Gemeinde zwischen Haus und Stadt. Kirche bei Paulus*, Freiburg/Basel/Wien: Herder, 1992.

Klauck, H. -J., "Κυρία ἐκκλησία in Bauers Worterbuch und die Exegese des zweiten Johannesbriefes," *ZNW* 81 (1990), 135-138.

Klauck, H.J., "Neue Literatur zur Urchristlichen Hausgemeinde," BZ 26 (1982), 288-94.

Klauck, H. -J., *Hausgemeinde und Hauskirche im fruhen Christentum* (SBS 103), Stuttgart: Katholisches Bibelwerk, 1981.

Krautheimer, R., *Early Christian and Byzantine Architecture*, Middlesex / Baltimore / Victoria: Penguin Books, 1965, 1975.

Lampe,P., "The Roman Christians of Romans 16," in K.P.Donfried (ed), *The Roman Debate*, Peabody: Hendrickson, 1977, 1991.

Lassen, E. M., "The Roman Family: Ideal and Metaphor," in H. Moxnes, ed., *Constructing Early Christian Families: Family as Social Reality and Metaphor,* London / New York: Routledge, 1997, 103-120.

Laub, F., "Sozialgeschichtlicher Hintergrund und ekklesioligische Relevanz der neutestamentlich-fruhchristlichen Haus- und Gemeinde-Tafelpäranese - ein Beitrag zur Soziologie des Frühchristentums," *Münchener theologische Zeitschrift* 37 (1986), 249-271.
Gielen, M., "Zur Interpretation der paulinischen Formel ἡ κατ᾽ οἶκον ἐκκλησία," *ZNW* 77 (1986), 109-25.

Malherbe, A. J., Social Aspects of Early Christianity, Philadelphia: Fortress, 1977, 1983 (2nd ed.) (= A.J.말허비, 초기 그리스도교의 사회적 이해, 서울: 대한기독교서회 1994, 90-133).

Matson, D. L., *Household Conversion Narratives in Acts: Pattern and Interpretation* (JSNTSS 123), Sheffield: Sheffield Academic Press, 1996.

McKay, A. G., *Houses, Villas, and Palaces in the Roman World,* Johns Hopkins University Press, 1998.

McKelvey, R. J., *The New Temple. The Church in the New Testament,* Oxford: Oxford University Press, 1969.

Meeks, W. A., *The First Urban Christians: The Social World of the Apostle Paul,* New Haven/London: Yale Univ. Press, 1983.

Moxnes, H., "What is Family?" Problems in Constructing Early Christian Families, in H. Moxnes, ed., *Constructing Early Christian Families: Family as Social Reality and Metaphor,* London / New York: Routledge, 1997, 13-41.

Orr, D. G., "Roman Domestic Religion: The Evidence of the Household Shrine," *ANRW* 2.16.2. 1557-91.

Osiek, C., "The Family in Early Christianity: 'Family Values'Revisited," *CBQ* 58 (1996), 1-24.

Osiek, C./ Balch, D. L., *Families in the New Testament World: Households and House Churches,* Louisville: Westminster John Knox Press, 1997.

Percival, J., *The Roman Villa. An Historical Introduction,* London: Batsford, 1976, 1981.

Pesch,R., *Die Apostelgeschichte*, 1. Teilband: Apg 1-12 (EKK V/1), Zurich/Neukirchen-Vluyn: Benziger/Neukirchener, 1986.

Ramsay, W. M., "The Denials of Peter, Section III: The House in the New Testament," *Expository Times* 27 (1915/16), 471-72.

Robertson, D. S., *Greek and Roman Architecture,* Second edition, Cambridge: Cambridge University Press, 1929, 1971.

Rordorf, W., "Was wissen wir uber die christlichen Gottesdienstraume der vorkonstantinischen Zeit?" *ZNW* 55 (1964), 110-28.

Sandnes, K .O., "Equality within Patriarchal Structures. Some New Testament perspectives on the Christian fellowship as a brother- or sisterhood and a family," in *H.Moxnes, Constructing Early Christian Families. Family as Social Reality and Metaphor,* London: Routledge, 1997, 150-165.

Sandnes, K. O., A *New Family, Conversion and Ecclesiology in the Early Church with Cross-Cultural Comparisons,* Studies in the Intercultural History of Christianity 91, Bern: Peter Lang, 1994.

Schäfer, K., *Gemeinde als 'Bruderschaft'. Ein Beitrag zum Kirchenverstandnis des Paulus,* Europäische Hochschulschriften, R. XXIII, vol. 333, Frankfurt: Peter Lang, 1989.

Schneider, G., *Die Apostelgeschichte I. Teil: Einleitung.* Kommentar zu Kap. 1,1 - 8,40 (HerderThKNT 5), Freiburg/Basel/Wien: Herder, 1980.

Schöllingen, G., "Hausgemeinden, Oikos-Ekklesiologie und monarchischer Episkopat. Uberlegungen zu einer neuen Forschungsrichtung," *Jahrbuch fur Antike und Christentum* 31 (1988), 74-90.

Schrage, W., *Der Erste Brief an die Korinther. 3. Teilband: 1 Kor 11,17-14,40* (EKK VII/3), Zürich/Neukirchen-Vluyn: Benziger/ Neukirchener, 1999.

Schrage, W., *Der Erste Brief an die Korinther, 4. Teilband: 1 Kor*

15,1-16,24 (EKK VII/4), Dusseldorg/Neukirchen-Vluyn / Benziger/ Neukirchener, 2001.

Schussler-Fiorenza,E., "The Study of Women in Early Christianity: Some Methodological Considerations," in T.J.Ryan [ed], *Critical History and Biblical Faith, New Testament Perspectives,* Villanova: Villanova University 1979.

Strobel, A., "Der Begriff des 'Hauses' im griechischen und romischen Privatrecht," *ZNW* 56 (1965), 91-100.

Stuhlmacher,P., *Der Brief an Philemon* (EKK 18), 2. Aufl., Neukirchen :Neukirchener Verlag, 1981, 70-75 ("Urchristliche Hausgemeinden").

Theissen, G., 원시 그리스도교에 대한 사회학적 연구, 서울: 대한기독교출판사 1986(= *Studien zur Soziologie des Urchristentums,* WUNT 19, Tübingen: Mohr, 1979, 3. Aufl., 1989).

Thür, H., "Ephesos: Wohnen in einer antiken Grossstadt," *Bibel und Kirche* 53 (1998), 195-96.

Vogler, W., "Die Bedeutung der urchristlichen Hausgemeinden fur die Ausbreitung des Evangeliums," *ThLZ* 107 (1982), 785-794.

Wallace-Hadrill, A., "Houses and Households: Sampling Pompeii and Herculaneum," in *Marriage, Divorce and Children in Ancient Rome,* ed. by B. Rawson, second ed. Oxford: Clarendon, 1992, 191-227.

Wallace-Hadrill, A., *Houses and Society in Pompeii and Herculaneum,*

New Jersey: Princeton University Press, 1994.

Wallace-Hadrill, A., "The Social Structure of the Roman House," *Papers of the British School at Rome* 56 (1988), 43-97.

Weigandt, P., "οἶκος," Exegetisches Worterbuch zum Neuen Testament, Band II: ἐξ- ὀψώνιον herausgegeben von Horst Balz und Gerhard Schneider, Stuttgart / Berlin / Koln / Mainz: Kohlhammer, 1981, 1222-1229.

Weigandt, P., "Zur sogenannten 'Oikosformel'," *NovTest* 6 (1963), 49-74.

Weiser, A., "Die Rolle der Frau in der urchristlichen Mission," in G. Dautzenberg / H. Merklein / K. Muller (Hg), *Die Frau im Urchristentum*, Freiburg/Basel/Wien: Herder, 1983, 158-181.
White, L. M., "Domus Ecclesiae - Domus Dei: Adaption and Development in the Setting for Early Christian Assembly" (Ph.D. Dissertation, Yale University, 1982).

Witherington III, B., *Women in the Earliest Churches*, Cambridge: CUP, 1988, 1991.

조병수, "골로새서의 가정지침," 「신학정론」25 (2007), 377-402.

조병수, 데살로니가전서 주해, 수원: 합동신학대학원출판부, 1998.
조병수, "로마 세계에서 초기 기독교의 가옥교회," *Canon &*

Culture 3 (2009), 91-122.

조병수, "선교교회와 지역교회의 갈등: 요한삼서 연구," in 「신약신학 열두 논문」, 수원: 합동신학대학원출판부, 1999, 191-220.

조병수, "셀 목회와 현대 목회 전략,"「신학정론」19 (2001), 305-342.

조병수, "초기기독교의 가정교회 – 자료분석,"「신학정론」 20 (2002), 33-62.

조병수, "초기기독교의 가정교회 – 의미분석,"「신학정론」 20 (2002), 399-423.

조병수, "초기 기독교에서 가옥교회로서의 가정교회,"「신학정론」 26 (2008), 13-46.

주(註)

1) 초기 기독교의 가옥교회 논의의 발단에 관한 자세한 연구사
는 R. Gehring, *House Church and Mission: The Importance of Household Structures in Early Christianity*, Peabody: Hendrickson Publishers, 2004, 1-27을 참조하라(이 책은 본래 독일어로 1998년에 박사학위논문으로 제출되었던 것인데, *Hausgemeinde und Mission - Von Jesus bis Paulus*, Giessen: Brunnen Verlag, 2000로 출판되었다).

2) F.V.Filson, "The Significance of the Early House Churches," *JBL* 58 (1939), 105-112.

3) Klauck, "Neue Literatur zur urchristlichen Hausgemeinde," 288: "Ein programmatischer früher Aufsatz von Floyd V. Filson fand zunächst wenig Resonanz."

4) Filson, "Early House Churches," 112: "Obviously the apostolic church can never be properly understood without constantly bearing in mind the contribution of the house churches."

5) Malherbe, *Social Aspects,* 61, n. 2가 제공하는 1960년대와 70년대의 문헌들을 참조하라.

6) 이 시기에 나온 초기 기독교의 가정교회에 관한 새로운 문헌들에 대한 소개와 논의는 Klauck, "Neue Literatur zur urchristlichen Hausgemeinde" (1982)에 잘 정리되어 있다.

7) Klauck, "Neue Literatur zur urchristlichen Hausgemeinde," 288f.

8) 예를 들면 Malherbe, *Social Aspects of Early Christianity* (1977, 1983); Theissen, *Studien zur Soziologie des Urchristentums* (1979, 1983); Meeks, *The First Urban Christians* (1983)을 꼽을 수 있다.

9) Sandnes, "Equality within Patriarchal Structures," 163, n. 3:

"The literature on the house-churches is enormous." 최근 가정
교회에 관한 연구서들을 보려면 Sandnes, K.O., *A New Family,
Conversion and Ecclesiology in the Early Church with Cross-
Cultural Comparisons,* Bern: Peter Lang 1994, 93-105와 C.Osiek/
D.L.Balch, *Families in the New Testament World: Housholds and
House Churches,* Louisville: Westminster John Knox Press 1997,
291-301을 참조하라.

10) 물론 가정형태로서의 교회에 대한 비판이 없는 것은 아니
다. E.Schüssler Fiorenza는 초기 기독교가 처음에는 평등적
공동체(egalitarian community)였지만 점차 가정형태를 취함
으로써 부권적 구조(patriarchal structure)로 대치되었다는 쇠
퇴이론을 펼쳤다("The Study of Women in Early Christianity:
Some Methodoglogical Considerations," in T.J.Ryan [ed],
Critical History and Biblical Faith, New Testament Perspectives,
Villanova: Villanova University 1979, 30-58, 특히 46-49; 그
외의 다수 논문 참조). 이와 마찬가지로 K.Schäfer는 초기 기
독교에서 형제애로서의 공동체(평등적 모델)와 실제 가정생
활(부권적 모델)을 상호 대조적인 모델로 이해하는 이분법
(dichotomy)을 제시하면서 바울의 교회는 고대의 가정에 대한
대조사회 (Kontrastgesellschaft)이었다고 주장한다*(Gemeinde als
'Bruderschaft'. Ein Beitrag zum Kirchenverstandnis des Paulus,*
Bern: Peter Lang 1989). 이에 대한 간단한 비판으로는 Sandnes,
"Equality Within Patriarchal Structures," 151을 참조하라. 그는
가정과 형제애의 이분법에 관한 주장은 증거가 부족하다고 여
기면서 오히려 신약성경의 증거에 따르자면 기독교라는 새로
운 구조는 가정구조에서부터 부상했다고 생각한다("My thesis
is that in the family terms of the New Testament, old and new
structure come together. There is a convergence of household
and brotherhood structure. The New Testament bears evidence
of the process by which new structure emerged from within the
household structures", 151). 그의 결론은 다음과 같다: "형제
와 자매로 이루어지는 가정으로서의 기독교 공동체는 부권적인
사회의 문화적인 세력들과의 대화 속에서 형성되었고 실현되
었다" (The Christian fellowship as a family consisting of brothers
and sisters was articulated and incarnated in dialogue with the

cultural forces of a patriarchal society).

11) Filson, "Early House Churches," 112.

12) Weiser, "Die Rolle der Frau," 172.

13) Sandnes, "Equality Within Patriarchal Structures," 153: "In its account of the conversion of households, however, Acts is reliable."

14) Klauck, *Hausgemeinde*, 51: "Wo kein Haus, dort auch kein christliches Leben."

15) Cf. Haenchen, *Apostelgeschichte*, 123, n. 3: "h=san katame,nontej meint bestandigen Aufenthalt"; Schneider, Apostelgeschichte 1, 205, n. 62.

16) Cf. Blue, "House Church," 132. 그는 Barn 4:10; IgnEph 13:1; IgnMag 7:1를 제시한다. JustApol 67,3도 참조하라. 이 표현이 장소 외에 다른 것(예를 들면 목적)을 가리키는 것으로 볼 수 없다는 생각에 대하여는 Schrage, Korinther 3, 22를 면밀하게 참조하라.

17) Blue, "House Church," 133.

18) Cf. Haenchen, *Apostelgeschichte*, 158f., n. 10.

19) Pesch, *Apostelgeschichte* 1, 131.

20) Schneider, *Apostelgeschichte* 1, 404: "Die Predigt wird nicht nur durch dida,skontej gekennzeichnet, sondern hier erstmals auch durch euvaggelizo,menoi." Contra Dodd, Apostolic Preaching, 7f.

21) Haenchen, *Apostelgeschichte*, 212, n. 2: "eine inhaltliche Naherbestimmung."

22) Klauck, *Hausgemeinde*, 50.

23) Burchard, *Der dreizehnte Zeuge*, 40: "V.3 besteht aus zwei finiten
     Verben mit je einem Participium coniunctum in chiastischer
     Anordnung."

24) Cfl. Klauck, *Hausgemeinde*, 51.

25) Filson, "Early House Churches," 106: "The specific mention of
     a prayer meeting in the house of Mary the mother of John Mark
     (12:12) reminds us that, when the Christians wanted to meet as
     Christians, no place suited their need except the homes of their
     members". Cf. Weiser, "Die Rolle der Frau," 173: "In Jerusalem
     war es Maria, die Mutter des Johannes Markus, in deren Haus sich
     Christen versammelten (Apg 12,12f.)."

26) Weiser, "Die Rolle der Frau," 173, n. 37은 대문과 여종에 관
     한 언급으로부터 다음과 같이 추정한다: "Die Erwahnung des
     Torgebaudes (πυλών) und der Sklavin Rhode weist auf ein
     stattliches Anwesen hin und auf einen gewissen Wohlstand. Diese
     Angaben gehören wegen ihres Lokalkolorits vermutlich zum
     ältesten Bestand der Erzählung und dürften historisch zutreffend
     sein." 또한 Blue, "House Church," 135도 동일한 의견을 표명
     한다: "To be sure, this house (οἰκία) was not part of an insulae
     complex. Rather, the description in Acts 12 suggests a large house
     with a gateway (πυλών) which acted as a buffer between the inner
     courtyard and rooms and the street."

27) Filson, "Early House Churches," 106: "Moreover, the suggestion
     of Acts 12:17 that this was not a meeting of the whole Jerusalem
     church, but only of one group, indicates that as the group grew in
     size it became increasingly difficult for all the believers in the city
     to meet in one house."

28) Blue, "House Church," 136.

29) 루디아의 가옥교회에 관하여 Witherington, *Women*, 147-149는
    훌륭한 관찰을 제공한다.

30) F.F.Bruce, *The Pauline Circle*, Carlisle: Paternoster 1985, 94:
    "Lydia's house thus became their headquarters during their
    time in Philippi, and it was perhaps (to begin with, at least) the
    headquarters of the infant church in the city - it was apparently in
    Lydia's house that the missionaries, before their departure, saw the
    brethren and encouraged them (Acts 16:14-40)." Cf. Blue, "House
    Church," 186: "Luke's allusion to Lydia's house as a place where
    Paul enjoyed hospitality may very well indicate that this place was
    known as a meeting place for the believers and that it served an
    important role in the establishment of a Christian community in
    Philippi." Cf. Klauck, Hausgemeinde, 51.

31) Weiser, "Die Rolle der Frau," 173: "ein gewisses Zentrum der
    Missionsgemeinde in Philippi."

32) Weiser, "Die Rolle der Frau," 173.

33) Klauck, *Hausgemeinde*, 51.

34) 사도행전에서 δημόσιος(δημοσία)는 사용되는 경우마다 조금씩 다
    른 의미를 표현하는 것을 볼 수 있다. 이 단어는 사도행전 5:18에
    서 공개된 감옥을 나타내며, 사도행전 16:37에서 빌립보 군중을
    가리키며, 사도행전 18:28에서 유대인의 회중을 보여준다. 이 단
    어의 의미변화를 고려할 때 사도행전 20:20은 "너희" 라는 말과
    함께 사용되어 기독교인들의 회중을 가리키는 것으로 생각할 수
    있을 것이다.

35) Klauck, *Hausgemeinde*, 26f.는 로마에 여러 개의 가옥교회가 존재
    했을 가능성을 당시 로마에 다양한 유대인 (가옥)회당들([Haus-]
    Synagogen)이 있었다는 사실로부터 확증한다.

36) Klauck, *Hausgemeinde*, 30f.

37) 개인적으로 문안을 받는 사람들은 에배네도(5), 마리아([여] 6), 암블리아(8), 아벨레(10a), 헤로디온(11a), 버시([여] 12b)이다.

38) 짝을 이루어 문안을 받는 사람들은 브리스가와 아굴라(3), 안드로니고와 유니아(7), 우르바노와 스다구(9), 드루배나와 드루보사(12a), 루포와 그의 어머니(13)이다. 그런데 이 가운데 브리스가와 아굴라 및 안드로니고와 유니아는 부부이며, 우르바노와 스다구는 모두 남성(추측컨대 형제)이고, 드루배나와 드루보사는 모두 여성(추측컨대 자매)이며, 루포와 그의 어머니는 모자관계이다.

39) 여러 명이 함께 문안을 받는 경우는 다음과 같다. "나깃수의 권속 중에 주안에 있는 자들" 이 한 그룹으로(11b), 아순그리도, 블레곤, 허메, 바드로바, 허마가 한 그룹으로(14), 빌롤로고, 율리아, 네레오, 그의 자매, 올름바가 한 그룹으로(15) 문안을 받는다.

40) 로마서 16장에 나오는 인물들에 대한 연구로는 Lampe, "Roman Christians," 216-230을 참조하라.

41) 이와 관련된 Filson의 주장은 옳다: "Romans 16 mentions Christians by groups, with the clear implication that each group had its own meeting place"("Early House Churches," 106).

42) Cf. Klauck, *Hausgemeinde*, 23.

43) Klauck, *Hausgemeinde*, 23.

44) Klauck, *Hausgemeinde*, 23, n. 8이 제시하는 문헌들을 참조하라.

45) Klauck, *Hausgemeinde*, 24.

46) 브리스가가 아굴라보다 먼저 언급되는 현상은 로마서 16:3 뿐 아니라 사도행전 18:18,26 그리고 디모데후서 4:19에도 나타난다. 고린도전서 16:19에서 아굴라가 브리스가보다 먼저 언급된 이유는 이 가옥에 체류하면서 고린도전서를 기록하는 사도 바울에게 브리스가가 자기보다 아굴라를 먼저 명시할 것을 요청했기 때문일 것이다 (Bruce, Pauline Circle, 44f.: "He may well have been in their house at the time, and as he wrote, or rather dictated, it is quite credible that Priscilla insisted that her husband's name be put first").

47) Klauck, *Hausgemeinde*, 28; Lampe, "Roman Christians," 222는
이 가능성을 배제하지 않는다. 로마서 16장에 나오는 인물들에
대한 연구로는 Lampe, "Roman Christians," 216-230을 참조하라.

48) Lampe, "Roman Christians," 222: "In the event that he had
brought his Christian slaves with him from the east, we would be
able to identify one channel through which Christianity entered
into the capital city of the empire."

49) Weiser, "Die Rolle der Frau," 173.

50) 빌롤로고와 율리아가 부부였을 가능성은 부정할 수 없다(Weiser,
"Die Rolle der Frau," 173, n. 38).

51) Klauck, *Hausgemeinde*, 27f.

52) Malherbe은 로마서 16:5,14,15에 근거하여 로마에 최소한 세
개의 교회가 있었을 것이라고 추정한다(*Social Aspects of Early
Christianity*, 70). Banks는 여기에 로마서 16:10,11의 도움으로
다섯 개의 교회를 계산한다(*Paul's Idea of Community*, 39). 이
에 비하여 Lampe는 일곱 또는 여덟 개의 교회가 있었을 것이라
고 생각한다. 왜냐하면 그는 로마서 16:5,14,15 외에 로마서
16:10,11에 근거하여 두 개의 교회를 더 첨가하고, 그밖에 문안
명단에 언급된 나머지 14명이 단 하나의 또 다른 그룹(only one
further circle [his emphasis])에 소속되었을 것이라고는 생각하
지 않으며(그렇다면 두 개 이상), 거기에다가 사도 바울의 셋집
을 더하기(행 28:30f.) 때문이다("Roman Christians," 229f.). 그
런데 만일에 로마서 16:7에 나오는 안드로니고와 유니아를 선교
사 부부로 인정할 경우에는 교회의 수가 더 늘어날 것이다(Lampe,
"Roman Christians," 223f.: "Andronicus and Junia may have
travelled together as a married missionary couple"; Dautzenberg,
"Zur Stellung der Frauen," 184, n. 3; 이에 대한 논의는 Klauck,
Hausgemeinde, 29f.를 더 참조하라).

53) Klauck, *Hausgemeinde*, 33.

54) Klauck, *Hausgemeinde*, 34f.

55) Klauck, *Hausgemeinde*, 35: "... wird man zu dem Schluß kommen, daß es in Korinth ein Nebeneinander von Ortsgemeinde und verschiedenen Hausgemeinden und somit auch unterschiedliche Versammlungstypen gab." 도시교회와 가옥교회의 병존은 여자와 관련된 교훈에서도 발견된다. "만일 여자가 무엇을 배우려거든 집에서(ἐν οἴκῳ) 자기 남편에게 물을지니 여자가 교회에서(ἐν ἐκκλησίᾳ) 말하는 것은 부끄러운 것임이라" (고전 14:35). 이것은 도시교회와 가옥교회 사이에 가치의 차이를 말하는 것보다는 역할의 차이를 말하는 것이다(contra Klauck, Hausgemeinde, 38f.).

56) Contra Klauck, *Hausgemeinde*, 35.

57) Klauck, *Hausgemeinde*, 35. Klauck은 여기에 사용된 "한 곳에 모이다" (συνέρχεσθαι ἐπὶ τὸ αὐτό)는 신약성경과 교부문서에서 전문용어임을 강조한다(Hαυσγεμεινδέ 36). 앞의 각주 14를 참조하라.

58) Klauck, *Hausgemeinde*, 33.

59) 후에 다시 살펴보겠지만 οἶκος와 οἰκία는 별 차이가 없는 동의어로 쓰였다. Theissen, 원시그리스도교에 대한 사회학적 연구, 311; Klauck, *Hausgemeinde*, 33을 참조하라.

60) Bruce, *Pauline Circle*, 48: "It appears, then, that they made their house in Ephesus available as a meeting-place for one group in the rapidly growing church of that city."

61) Meeks, *The First Urban Christians*, 76.

62) Barth/Blanke, *Philemon*, 260: "The Haustafeln, too, show how relevant the house community was for the life and ethics of early Christianity."

63) Filson, "Early House Churches," 110: "We must not regard it as a mere formality, therefore, when Paul speaks pointedly to husbands, wives, fathers, children, masters, and slaves concerning their duty."

64) Meeks, *The First Urban Christians*, 76; Weiser, "Die Rolle der Frau," 173: "Philemon und seine Frau Apphia stehen einer Hausgemeinde in oder um Kolossa vor (Phlm 1f.)."

65) Klauck, *Hausgemeinde*, 35.

66) Filson, "Early House Churches," 106은 히브리서 10:25와 히브리서 13:24에 근거하여 히브리서가 어떤 가옥교회에 보내진 편지라고 생각하는 것은 합당한 추정이라고 주장한다.

67) 요한이서의 수신자의 정체에 대한 논의는 R.E.Brown, Th Epistles of John (AncB 30), Doubleday: The Anchor Bible 1982, 652ff. 와 H.-J.Klauck, "Κυρία ἐκκλησία in Bauers Worterbuch und die Exegese des zweiten Johannesbriefes," *ZNW* 81 (1990), 135-138 을 참조하라.

68) 요한삼서의 교회 상황에 관하여는 조병수, "선교교회와 지역교회의 갈등: 요한삼서 연구," in 조병수, 신약신학 열두 논문, 합동신학대학원출판부 1999, 202ff.를 참조하라.

69) 그러나 Dautzenberg은 이그나티우스의 서신들에서는 관심이 가옥교회에서 가정으로 이동하였다고 생각한다("Zur Stellung der Frauen," 186: "Hier zeigt sich die auch sonst beobachtbare Verlagerung des Interesses von der Hausgemeinde zum Haus, in welchem die Frauen ihren Platz hinter dem Manne haben...").

70) Klauck, *Hausgemeinde*, 55.

71) Filson, "Early House Churches," 107; Stuhlmacher, *Philemon*, 71.

72) Filson, "Early House Churches," 107.이 외에도 Filson은 몇 가지

고고학적인 자료를 제시한다.

73) P.Weigandt, "οἶκος," 1224: "Weitaus am häufigsten sind οἶ und οἰκία in der Grundbedeutung Haus/Gäbaude/Wohnstatte belegt."οἶκος는 46번, οἰκία는 71번 사용되었다.

74) Cf. J.Goetzmann, "οἶκος," 638; 타이센, 원시 그리스도교에 대한 사회학적 연구, 311.

75) P.Weigandt, "οἶκος," 1223: "Urspr. hatten οἶ. und οἰκία im Griechischen unterschiedliche Bedeutungen; οἶ. war weiter gefa ßt und bezeichnet das ganze Eigentum, οἰκία, a nur das Wohnhaus... An den meisten Stellen, an denen diese beiden Worter im NT belegt sind, sind sie gegeneinander austauschbar und auch ausgetauscht worden." 그러나 이 두 용어의 구별을 주장하는 견해로는 Klauck, *Hausgemeinde*, 16을 참조하라.

76) P.Weigandt, "οἶκος," 1225: "Die Apg berichtet, daß sich die Christen der Frühzeit in einzelnen Privathäusern getroffen haben. οἶοἰκι,a bezeichnet hier den Versammlungsort einer christl. Gemeinde."

77) J.Goetzmann,"οἶκος," 639: "Die im NT genannten Hausgemeinden ... entstanden wohl dadurch, daß die Hauser als Versammlungsort dienten."

78) P.Weigandt, "οἶκος," 1225: "... um den Lesern mitzuteilen, daß sich die Christen, 'in den Häusern', d.h. in bestimmten Privathausern, zu versammeln pflegten."

79) W. Rordorf, "Was wissen wir uber die christlichen Gottesdienstraume der vorkonstantinischen Zeit?" *ZNW* 55 (1964), 115.

80) 물론 이와 같은 가옥교회의 성립은 단지 상응하는 진술을 가지고 있는 경우에 각각의 문맥에서만 파악될 수 있다. Cf. P.Weigandt,

"οἶκος," 1228: "Die Zusammensetzung einer derartigen Hausgemeinde ist nur aus dem jeweiligen Kontext zu erschließen, falls er entspr. Angaben enthalt."

81) R. Krautheimer, *Early Christian and Byzantine Architecture,* Middlesex / Baltimore / Victoria: Penguin Books, 1965, 1975, 23: "its architecture, as far as we know it, must be seen within the context of the Roman-Hellenistic world."

82) C. Osiek, "The Family in Early Christianity: 'Family Values' Revisited," *CBQ* 58 (1996), 9.

83) J. W. Graham, "Origins and Interrelations of the Greek House and the Roman House," *Phoenix* 20 (1966), 3. Graham은 이 두 가지 형태가 동일한 곳에서 자주 발견된다는 사실에 근거해서 이 둘 사이에 근본적인 차이가 없으며 어떤 상황에서는 한 형태가 다른 형태로 쉽게 전환되었을 것이라고 주장한다(6).

84) 파스타스는 휘장(curtain)이라는 의미를 가지고 있다(cf. D. S. Robertson, *Greek and Roman Architecture*, Second edition, Cambridge: Cambridge University Press, 1929, 1971, 387).

85) Robertson, *Greek and Roman Architecture*, 204, n. 1: "Olynthus, destroyed by Phillip in 348 B.C., is now an outstanding example of pre-Hellenistic Hippodamian town-planning: see its excavator, D.M.Robinson, in A.J.A. since xxxvi, 1932 and in P.W. xviii, 1939, cc. 325ff."

86) 그러나 Roberston, *Greek and Roman Architecture*, 321, n. 1 은 Olynthos 가옥들이 프로스타스의 전형이라고 본다. "The Olynthus houses (fifth and fourth centuries B.C.) are very important and show a definite 'prostas' type, with one large room to the north, open as a portico on to a court, but extending beyond it."

87) Graham, "Greek House and Roman House," 12. 그는 Sicily의

Morgantina의 두 경우를 예로 제시한다.

88) 프로스타스는 "앞에 서 있는"이라는 의미이다. 외쿠스와 프로스타스는 이미 Vitruvius가 그리스 가옥을 설명하기 위해서 사용했던 용어이다(*De architectura*, 6.7.1f.).

89) Priene의 간단한 지도는 Robertson, *Greek and Roman Architecture*, 187에 있다.

90) Graham은 Olynthos 형태를 "민주적 방식"(democratic fashion)이라 부르고, Priene 형태를 "계급구조"(hierarchy)라고 불렀다 ("Greek House and Roman House," 5).

91) 메가론(μέγαρον, megaron)은 본래 미케네(Mycenae) 궁전의 본관 (main hall)을 가리키는 용어였는데, 후에 그리스 가옥의 본관을 나타내는 말이 되었고, 그 외에도 신전, 신당, 지하 동굴 등 다양한 의미로 사용되었다. 미케네의 건축술에 관한 간략한 설명을 보려면 Robertson, Greek and Roman Architecture, 27-36을 참조하라.

92) Robertson, *Greek and Roman Architecture*, 298f.

93) 그 가운데 주전 4세기에서 3세기 말에 걸치는 Pompeii 유적은 로마 가옥의 전형적인 형태를 보여준다. A. G. McKay, *Houses, Villas, and Palaces in the Roman World*, Johns Hopkins University Press, 1998, 30: "Pompeii and Herculaneum provide the best and most complete information available on Italic and Hellenistic-Roman housing from the fourth century BC to the time of the eruption of Vesuvius in AD 79."

94) Vitrivius에 의하면 앞뜰의 지붕 형태는 다섯 가지이다(Tuscan, Corinthian, tetrasyle, displuviate, testudinate). 이에 대한 자세한 설명은 McKay, *Houses, Villas, and Palaces in the Roman World*, 269를 참조하라. Cf. Robertson, *Greek and Roman Architecture*, 302.

95) Robertson, *Greek and Roman Architecture*, 302f.

96) John R. Clarke, *The Houses of Roman Italy 100 B.C.-A.D. 250: Ritual, Space, and Decoration*, New Jersey: University of California, 1993, 2f.; McKay, *Houses, Villas, and Palaces in the Roman World*, 32.

97) Robertson, *Greek and Roman Architecture*, 302, esp. 305.

98) Clarke, *The Houses of Roman Italy*, 2.

99) McKay, *Houses, Villas, and Palaces in the Roman World*, 34.

100) 그리스 가옥인 oecus-prostas의 구조와 로마 가옥인 atrium-tablinum 구조 사이에는 분명한 유사성이 있다(Graham, *"Greek House and Roman House,"* 7). 그러나 그리스 가옥에서는 이것이 분명히 파스타스 형태가 우연히 변형된 것이지만, 로마 가옥에서는 전승된 특징이다(Graham, *"Greek House and Roman House,"*10).

101) McKay, *Houses, Villas, and Palaces in the Roman World*, 34.

102) McKay, *Houses, Villas, and Palaces in the Roman World*, 33f.

103) 그 외에도 Pompeii의 *House of the Surgeon*을 보라(cf. Robertson, *Greek and Roman Architecture*, 303, fig. 126).

104) Graham, "The Greek House and the Roman House," 7. 이것은 20세기 초에 Giovanni Patroni가 제시한 견해였다.

105) Graham, "Greek House and Roman House," 7.

106) Graham, "Greek House and Roman House," 7.

107) Graham, "Greek House and Roman House," 10.

108) Graham, "Greek House and Roman House," 10.

109) Robertson, *Greek and Roman Architecture*, 306. Clarke, *The Houses of Roman Italy*, 12는 주전 3-2세기의 동부지역에 대한 로마의 승리로 그리스 가옥 형태가 도입된 것으로 본다.

110) Graham, "Greek House and Roman House," 18.

111) Graham, "Greek House and Roman House," 12. 이것은 프로스타스 또는 프로스타스-페리스타일 가옥 형태가 헬레니즘의 중기에 이르면 사라지고, 파스타스-페리스타일 가옥 형태는 오랫동안 광범위하게 번성했다는 것을 의미한다.

112) Robertson, *Greek and Roman Architecture*, 306. McKay, *Houses, Villas, and Palaces in the Roman World*, 34.

113) Dwyer, *Pompeian Domestic Sculpture*, 113.

114) Graham, "Greek House and Roman House," 18.

115) Graham, "Greek House and Roman House," 18.

116) Graham, "Greek House and Roman House," 17.

117) 노예와 의뢰인들에 대한 자세한 설명은 A. Wallace-Hadrill, *Houses and Society in Pompeii and Herculaneum*, New Jersey: Princeton University Press, 1994, 39를 보라

118) Clarke, *The Houses of Roman Italy*, 13f.

119) Wallace-Hadrill, *Houses and Society in Pompeii and Herculaneum*, 39. 물론 가옥 내에 이와 같은 구분은 부유한 집에서만 가능했다.

120) Robertson, *Greek and Roman Architecture*, 306. Clarke, *The Houses of Roman Italy*, 16: "Whereas the fauces - atrium - tablinum axis and the walk around the peristyle addressed the walking spectator,

the triclinia, oeci, and exedrae were places, where one rested - and looked out from his or her place on a couch... In static, or resting spaces, the view out was of primary importance."

121) Graham, "*Greek House and Roman House*," 17.

122) 로마 빌라에 대한 정의는 J. Percival, *The Roman Villa. An Historical Introduction*, London: Batsford, 1976, 1981, 13-15와 McKay, *Houses, Villas, and Palaces in the Roman World*, 100-135 를 참조하라.

123) Percival, *The Roman Villa*, 15.

124) Percival, *The Roman Villa*, 14: "villa는 농촌에 있는 건물로서 도시에 있는 건물인 aedes와 대조가 된다. 빌라와 그 대지(ager)는 함께 재산(fundus)를 이룬다."

125) Percival, *The Roman Villa*, 14.

126) McKay, *Houses, Villas, and Palaces in the Roman World*, 100.

127) Percival, *The Roman Villa*, 13. 이런 점에서 "빌라는 단순히 농촌에 있는 한 장소라기보다는 도시에 사는 어떤 사람의 눈에 보기에 농촌에 있는 장소이다" (14)라고 설명한 Percival의 주장은 설득력이 있다.

128) Clarke, *The Houses of Roman Italy*, 19: "As the letters of Cicero and Pliny eloquently demonstrate, the aim of every wealthy noble was to have several villas, or country residences, preferably with views."

129) McKay, *Houses, Villas, and Palaces in the Roman World*, 100.

130) Boscoreale의 농가에 대한 자세한 설명은 McKay, *Houses, Villas, and Palaces in the Roman World*, 107f.을 보라.

131) 도시근교 빌라에 관한 자세한 설명은 Percival, *The Roman Villa*, 54f.와 Clarke, *The Houses of Roman Italy*, 19-25을 보라.

132) McKay, *Houses, Villas, and Palaces in the Roman World*, 108: "The suburban villa was another response to population pressure and the desire for economic security."

133) Robertson, *Greek and Roman Architecture*, 310.

134) Robertson, *Greek and Roman Architecture*, 310.

135) Clarke, *The Houses of Roman Italy*, 19.

136) McKay, *Houses, Villas, and Palaces in the Roman World*, 115ff.

137) McKay, *Houses, Villas, and Palaces in the Roman World*, 115.

138) Villa of the Mysteries에 관한 설명은 McKay, *Villas, and Palaces in the Roman World*, 108ff.을 보라.

139) Villa of Damecuta에 관한 설명과 그림은 *McKay, Villas, and Palaces in the Roman World, 117*을 보라.

140) Robertson, *Greek and Roman Architecture*, 306f.

141) Wallace-Hadrill, *Houses and Society in Pompeii and Herculaneum*, 11.

142) Clarke, *The Houses of Roman Italy*, 26.

143) McKay, *Villas, and Palaces in the Roman World*, 81: "the need of an expanding population were met by altering the large older homes... Increasingly, however, during and after the late Republic, older mansion were converted to multiple occupancy."

144) McKay, *Villas, and Palaces in the Roman World*, 83의 논쟁을 참

조하라.

145) McKay, *Villas, and Palaces in the Roman World*, 83.

146) Clarke, *The Houses of Roman Italy*, 26. Clarke는 Phillip Harsh, *"The Origin of the Insulae at Ostia,"* Memoirs of the American Academy in Rome 12 (1935), 7-66; James E. Packer, "The Insulae of Imperial Ostia," *Memoirs of the American Academy in Rome* 31 (1971)를 참조한다.

147) McKay, *Villas, and Palaces in the Roman World*, 84.

148) 채광은 밖으로 낸 창문을 통해서 가능했다. 만일 경계벽 때문에 창문이 빛을 받아들이는 데 방해를 받으면 인술라의 방들은 정원이나 채광정으로 개방되었다(Cf. Clarke, *The Houses of Roman Italy*, 27).

149) McKay, *Villas, and Palaces in the Roman World*, 85,86.

150) Clarke, *The Houses of Roman Italy*, 27.

151) Cf. Strobel, A., "Der Begriff des 'Hauses' im griechischen und romischen Privatrecht," *ZNW* 56 (1965), 93ff.

152) 고대의 그리스-아틱 법(das altere griechisch-attische Recht)에 의하면 오이코스(οἶκος)와 오이키아(οἰκία)는 서로 다른 구성원을 가진다. 오이코스는 혈연가족관계(die blutverwandten Familengemeinschaften)이다. 오이코스는 오늘날의 가정(family)과 같은 개념이다. 여기에는 노예가 제외된다. 오이코스 개념은 법을 수행할 수 있는 능력을 가진 가족들과 관련되기 때문에 유아를 포함하기는 하지만 유아에 의해 결정되지는 않는다. 이에 비하여 오이키아는 법정가족관계이다. 여기에는 혈연관계가 아닌 사람들이 법적으로 첨가된다(die rechtens hinzugekommenen Nicht-Blutsverwandten). "그 법에서 노예가 가사(家事 Hauswesen)의 일부로 간주되는 것은 드문 일이 아니다" (Strobel, "Begriff des 'Hauses,'" 93). 이 때문에 아리스토텔레스는 "완벽한 오이키아는

노예들과 자유인들로 구성된다"(οἰκία δὲ τέλειος ἐκ δούλων καὶ ἐλευθέρων)고 말했다(Polit. 53 B I c. 3).

153) Strobel, "Begriff des 'Hauses'," 94.

154) Friedel은 그의 논문 "Der neutestamentliche Οικοσ-Begriff"에서 오이코스에 어린이들이 포함된다고 생각하는 학자들(Stauffer, Jeremias, Friedel)과 노예들이 포함된다고 생각하는 학자들 (Aland, Weigandt, Strobel)을 비교적으로 언급한다.

155) Strobel, "Begriff des 'Hauses'," 94는 M. Kaser, *Das romische Privatrecht* (Hb. d. klass. Alterumswiss. X, 3.3.1.), Munchen 1955, 44를 인용한다.

156) Strobel, "Begriff des 'Hauses'," 94.

157) Strobel, "Begriff des 'Hauses'," 94f.는 R. Meier, *Römischer Staat und Staatgedanke*, Darmstadt 1961, 30f.의 견해를 따른다. Cf. Osiek, "Family in Early Christianity," 10.

158) Strobel, "Begriff des 'Hauses'," 95.

159) Wallace-Hadrill, *Houses and Society in Pompeii and Herculaneum*, 11. 이 생각은 이미 그의 논문, "The Social Structure of the Roman House," *Papers of the British School at Rome* 56 (1988), 43-97에서 전개되었다.

160) Wallace-Hadrill, *Houses and Society in Pompeii and Herculaneum*, 12.

161) Wallace-Hadrill, *Houses and Society in Pompeii and Herculaneum*, 38. 로마의 가정생활은 아주 균일한 성격을 가지고 있었 다. 그 사회적이며 정치적인 구조는 근본적으로 이런 가 옥의 특징과 연관되어 있었다(Dwyer, Pompeian Domestic Sculpture, 120).

162) Wallace-Hadrill, *Houses and Society in Pompeii and Herculaneum*, 38.

163) Wallace-Hadrill, *Houses and Society in Pompeii and Herculaneum*, 8,10; Osiek, "Family in Early Christiantiy," 17ff.

164) Wallace-Hadrill, *Houses and Society in Pompeii and Herculaneum*, 10.

165) Osiek, "Family in Early Christianity," 12.

166) Wallace-Hadrill, *Houses and Society in Pompeii and Herculaneum*, 44.

167) Wallace-Hadrill, *Houses and Society in Pompeii and Herculaneum*, 5.

168) Wallace-Hadrill, *Houses and Society in Pompeii and Herculaneum*, 44.

169) Clarke, *The Houses of Roman Italy*, 1f. Cf. Wallace-Hadrill, Wallace-Hadrill, A., "The Social Structure of the Roman House," *Papers of the British School at Rome* 56 (1988), 55-56.

170) Clarke, The *Houses of Roman Italy,* 4.

171) Clarke, The *Houses of Roman Italy*, 4.

172) Wallace-Hadrill, *Houses and Society in Pompeii and Herculaneum*, 4.

173) Clarke, The *Houses of Roman Italy,* 17.

174) 집을 종교 활동의 공간으로 사용한 로마 종교에 관해서는 D .G. Orr, "Roman Domestic Religion: The Evidence of the Household Shrine," *ANRW* 2.16.2., 1557-91; D. P. Harmon, "The Family Festivals of Rome," *ANRW* 2.16.2., 1592-1603를 참조하라.

175) Dwyer, *Pompeian Domestic Sculpture*, 114.

176) Clarke, The *Houses of Roman Italy,* 8ff.에서 lararium에 대한 설명을 참조하라.

177) Clarke, The *Houses of Roman Italy,* 9.

178) Clarke, The *Houses of Roman Italy,* 9-12.

179) Clarke, The *Houses of Roman Italy,* 9.

180) Clarke, The *Houses of Roman Italy,* 10.

181) Dwyer, *Pompeian Domestic Sculpture*, 115. 일반적으로 Pompeii 가옥들의 앞뜰은 위에 언급한 조상의 흉상들 외에는 대체로 다른 물건들이 없었고(unfurnished) 손님들이 배회할 수 있도록 넓은 방을 제공했다.

182) Clarke, The *Houses of Roman Italy,* 12.

183) Judge, *Social Pattern*, 30ff.를 참조하라. Judge는 Augustus 황제가 조국의 아버지(Pater Patriae)로 칭송 받았다는 것을 근거로 하여 심지어 로마제국 자체도 가정공동체의 형식을 가지고 있었다고 주장한다(32f.). 그는 이러한 가부장적 형식이 시저 가문의 권세가 근거하는 정서적인 기초를 보여준다고 생각한다(33).

184) Malherbe, *Social Aspects*, 69: "... in New Testament times the household was regarded as a basic political unit."

185) Judge, *Social Pattern*, 32ff.; Meeks, The *First Urban Christians*, 86ff., esp. 86: "Especially striking is the language that speaks of the members of the Pauline groups as if they were a family."

186) Barclay, "The Family as the Bearer of Religion," 67f.

187) Stuhlmacher, *Philemon*, 72.

188) Stuhlmacher, *Philemon*, 72.

189) Osiek/Balch, *Families*, 33.

190) Contra Osiek/Balch, *Families*, 82: "Among the many forms that religion took in the Greco-Roman city, family religion played an important part. This importance of household and family religion would translate easily into household assemblies for Christians."

191) Stuhlmacher, *Philemon*, 72.

192) Stuhlmacher, *Philemon*, 72f.; Weiser, "Die Rolle der Frau," 166f.

193) Judge는 이 표현이 특정한 가정이 주빈으로 접대하는 그리스도인들의 큰 규모의 집회를 의미하는지 아니면 개별적으로 구성된 기독교 가정 집회의 가족들을 의미하는지 분명하지 않다고 말하지만, 사실상 사도행전의 증거를 따라(행 2:44,46) 예루살렘 교회가 일반 집회에 이어 가정 회합을 가졌던 것을 근거로 하여 후자를 선호한다(Social Pattern, 37).

194) Meeks, *The First Urban Christians*, 75.

195) Meeks, *The First Urban Christians*, 75.

196) Klauck, *Gemeinde zwischen Haus und Stadt*, 23.

197) Moxnes, "What is Family?", 23: "This statement focuses on the importance of the house and farm as the center for a group of people."

198) Klauck, *Gemeinde zwischen Haus und Stadt*, 23.

199) Malherbe, *Social Aspects*, 69.

200) Strobel, "Begriff des 'Hauses'," 98f. 이렇게 함으로써 Strobel은 오이코스에 유아가 포함된다고 주장하는 Jeremias에 반대하며, 노

예/하인이 포함된다고 주장하는 Aland에 반대한다.

201) Strobel, "Begriff des 'Hauses'," 98. 여기에서 Strobel, 100은 신약
성경에 온 집이 함께 세례를 받았다는 말에서 어린이가 포함되지
않는다는 논리를 도출한다.

202) Strobel이 자기의 주장을 뒷받침하기 위해서 예로 제시하는 고넬
료, 루디아, 스데바나의 경우에 오히려 이런 현상이 분명하게 나
타난다.

203) P. Weigandt, "Zur sogenannten 'Oikosformel'," *NovTest 6* (1963),
64. 예루살렘 마가 요한의 어머니 마리아의 가옥교회(오이키아)에
는 하녀(παιδίσκη)가 포함되었다(행 12:13).

204) Weigandt, "Zur sogenannten 'Oikosformel'," 64. K. O. Sandnes,
"Equality within Patriarchal Structures. Some New Testament
perspectives on the Christian fellowship as a brother- or sisterhood
and a family," in H. Moxnes, *Constructing Early Christian Families.
Family as Social Reality and Metaphor*, London: Routledge 1997,
152: "This means that 'entire household' of Cornelius involved his
extended family, who did not necessarily live in his house."

205) Sandnes, "Equality Within Patriarchal Structures," 152는 고넬료
의 회심사건에서 회심이란 사회적인 성격의 것이라고 정의하면서
고넬료의 가정에서 어떤 사람들은 개인적인 확신에서라기보다 사
회적인 관계 때문에 회심했을 것이라고 추정한다. 그러나 이것은
행 10:44-48의 내용에 전혀 맞지 않는다. 본문은 여러 차례 분명
하게 이들의 회심이 성령강림에 근거하고 있다고 증거하고 있기
때문이다(행 10:44,45,47; 참조. 행 11:15-17).

206) 이것은 당시 가정의 구조를 이해할 때 더욱 분명해진다. 타이쎈,
원시 그리스도교에 대한 사회학적 연구, 309f.를 참조하라.

207) A.Strobel, "Der Begriff des 'Hauses' im griechischen und romischen
Privatrecht", *ZNW 56* (1965), 99; 타이쎈, 원시 그리스도교에 대한
사회학적 연구, 311; Klauck, *Hausgemeinde*, 52.

208) 이런 점에서 Osiek의 주장은 옳다: "Households and family units included children, slaves, unmarried relatives, and often freedmen and freedwomen or other renters of shop or residential property"("The Family in Early Christianity," 11).

209) 이 단락의 첫째 부분인 15-16절에서 15절은 전형적인 παρακαλῶ 문장으로 시작하면서, 중간에 삽입문 (Parenthese)으로 οἴδατε + 목적격 + ὅτι 문장을 가지며, 이어서 16절에 권면의 내용인 ἵνα 문장이 따라온다 (cf. Schrage, *Korinther 3*, 449). 이 단락의 둘째 부분인 17-18절에서 17절은 δέ를 지님으로써 앞 부분과 분리되는 것을 표시하면서 새로운 내용을 지시하고, ὅτι 문장으로 그 이유를 밝히고, 18절에서 γάρ 문장으로 다시 한번 이유를 제시한다. 18절 마지막에 οὖν으로 결론적인 문장이 따라온다.

15 παρακαλῶ δὲ
   ὑμᾶς
    ἀδελφοί
      οἴδατε τὴν οἰκίαν Στεφανᾶ ὅτι
       ἐστὶν ἀπαρχὴ τῆς Ἀχαΐας καὶ
       εἰς διακονίαν τοῖς ἁγίοις ἔταξαν ἑαυτούς
16 ἵνα καὶ ὑμεῖς ὑποτάσσησθε τοῖς τοιούτοις καὶ
         παντὶ τῷ συνεργοῦντι καὶ
         κοπιῶντι

17 χαίρω δὲ ἐπὶ τῇ παρουσίᾳ Στεφανᾶ καὶ
      Φορτουνάτου καὶ
      Ἀχαϊκοῦ
   ὅτι τὸ ὑμέτερον ὑστέρημα οὗτοι ἀνεπλήρωσαν
18 ἀνέπαυσαν γὰρ τὸ ἐμὸν πνεῦμα καὶ τὸ ὑμῶν
   ἐπιγινώσκετε οὖν τοὺς τοιούτους

210) 예를 들면 성찬을 위하여(고전 11:20), 또는 가정교회에서 연보된 것을 사도 바울의 방문에 맞추어 수집하기 위하여(고전 16:1-2), 또는 사도 바울이 보낸 편지를 함께 읽기 위하여(골 4:16). 마지막 사항의 가능성에 관하여는 Dunn, *The Epistles to the Colossians and to Philemon*, 286: "perhaps at a single (open-air?)

meeting of the whole church called for the purpose."

211) Blue, "House Church," 188: "사도행전과 바울서신이 제시하는 모든 관련구절들은 그리스도인들이 모임을 위하여 사용한 장소 또는 여행하는 사도 바울이 영접을 받았던 장소인 개인 가옥을 언급한다. 이것은 '가옥교회' 의 시기였다."

212) Blue, "House Church," 189: "가정교회가 형성되던 시기동안(주후 50-150년) 신자들은 기독교 공동체의 후원자들에게 속한 집에서 모였다."

213) 오이코스라는 단어는 신약성경에서도 일반 그리스에서 가지는 거의 모든 의미로 나타난다(E. Friedel, "Der neutestamentliche Oikos-Begriff in seiner Bedeutung für den Gemeindebau," in Domine dirige me in verbo tuo. Herr, leite mich nach Deinem Wort! Festschrift zum 70. Geb. von Landesbischof D. Moritz Mitzenheim, Berlin: Evangelische Verlagsanstalt, 1961, 89).

214) Rordorf, "Gottesdienstraüme," 120.

215) Krautheimer, *Early Christian and Byzantine Architecture*, 24.

216) Krautheimer, *Early Christian and Byzantine Architecture*, 24.

217) 물론 선교를 위한 공간이냐 예배를 위한 공간이냐에 따라 집회의 장소에 차이가 있었다(Rordorf, "Gottesdienstraume," 111f.).

218) Rordorf, "Gottesdienstraume," 111.

219) R. H. Finger, *Paul and the Roman House Churches: A Stimulation*, Scottdale/Waterloo: Herald Press 1993, 39f. 1세기 갈릴리의 가옥에 대한 연구로는 S. Guijarro, "The Family in First-Century Galilee," in H. Moxnes, ed., Constructing Early Christian Families: Family as Social Reality and Metaphor, London / New York: Routledge 1997, 42-65를 보라.

220) Klauck, *Gemeinde zwischen Haus und Stadt*, 26.

221) Gehring, *House Church and Mission*, 290.

222) B. Blue, "Acts and the House Church," in D. W. J. Gill and C. Gempf (eds.), *The Book of Acts in Its First Century Setting*, vol. 2. The Book of Acts in Its Graeco-Roman Setting, Grand Rapids: Eerdmans, 1994 193-222와 Gehring, *House Church and Mission*, 313-320에서 더 많은 흥미로운 삽화들을 참조하라.

223) Krautheimer, *Early Christian and Byzantine Architecture*, 24.

224) Krautheimer, *Early Christian and Byzantine Architecture*, 24.

225) Rordorf, "Gottesdienstraüme," 113.

226) Rordorf, "Gottesdienstraüme," 113.

227) B. Blue, "Acts and the House Church," in D. W. J. Gill and C. Gempf (eds.), *The Book of Acts in Its First Century Setting*, vol. 2. The Book of Acts in Its Graeco-Roman Setting, Grand Rapids: Eerdmans, 1994, 135.

228) White, "Domus Ecclesiae - Domus Dei," 11-18. 이 이론이 오랫동안 초기 기독교 건축의 역사가들에 의해 포기되었지만, White는 최소한 앞뜰 가옥 이론의 여러 부분들을 유지하는 이유들을 발견한다(cf. Finney, "Early Christian Architecture," 333).

229) W. M. Ramsay, "The Denials of Peter, Section III: The House in the New Testament," Expository Times 27 (1915/16), 471: "a mansion of considerable size and pretentious construction, belonging to a family of wealth and distinction." Ramsay는 빌립보 루디아의 집도 동일한 형식이었을 것으로 생각한다.

230) W. Rordorf, "Gottesdienstraüme," 116. 에베소에서 발굴된 페리스타일 형태의 가옥들은 250-950 평방미터 규모의 집들로 일

충에는 접대나 시연을 위한 공간들을 가지고 있었다(cf. Thür, H., "Ephesos: Wohnen in einer antiken Grossstadt," *Bibel und Kirche* 53 (1998), 195-96).

231) Krautheimer, *Early Christian and Byzantine Architecture*, 24.

232) Dwyer, *Pompeian Domestic Sculpture*, 119. Clarke, The *Houses of Roman Italy*, 13: "Whereas the tablinum had doubled as a dining room, now there was a special room, called a triclinium, designed to hold the three couches (klinai) for Greek-style dining. Vitrivius specified the proportions of this U-shaped space: it should be twice as long as it was wide. His discussion of oeci, rooms similar in shape to the triclinia, includes an important reference to the view out from the positions on the couches, suggesting that these rooms were used also for dining and that the view from these rooms was to be planned."

233) Osiek, "Family in Early Christianity," 16f.의 멋진 설명을 참조하라.

234) Osiek, "Family in Early Christiantiy," 16.

235) Rordorf, "Gottesdienstraume," 112, 116.

236) Rordorf, "Gottesdienstraumë," 119: "es handelt sich einfach um Privatäuser, in denen sich die christliche Gemeinde zum Gottesdienst versammelte, ohne daß sich diese Häuser im geringsten von anderen römischen Privathausern jener Zeit unterscheiden wurden."

237) F. W. Deichmann, "Vom Tempel zur Kirche," in Mullus, *Festschrift Theodor Klauser* (JAC Ergänzungsband 1), Münster: Aschendorff, 1964, 55. Deichmann에 대한 요약과 평가는 Finney, "Early Christian Architecture," 320-23을 참조하라.

238) Deichmann, "Vom Tempel zur Kirche," 55.

239) Finney, "Early Christian Architecture," 328.

240) Schöllingen, "Hausgemeinden, Oikos-Ekklesiologie und monarchischer Episkopat," 79는 바울서신에서나 사도행전에서 이런 조각공동체 (Teilgemeinde) 현상이 발견되지 않는다고 지적했다.

241) Pace Gielen, "Zur Interpretation," 121f.

242) Gielen, "Zur Interpretation," 112, 118은 "집에 있는 교회" (ἡ κατ᾿ οἶκον ἐκκλησία)가 곧 전체교회(Gesamtgemeinde)라고 주장한다. Cf. Schollingen, "Hausgemeinden, Oikos-Ekkesiologie und monarchischer Episkopat," 78; Gehring, *House Church and Mission*, 155-160.

243) Branick, *The House Church in the Writings of Paul*, 23.

244) L. M. White, "Domus Ecclesiae - Domus Dei: Adaption and Development in the Setting for Early Christian Assembly" (Ph. D. Dissertation, Yale University, 1982), 25-40, 475-519은 기독교 건축의 발전과 관련하여 다섯 단계를 말한다. 첫째 단계는 가옥교회(house church) 단계로서 개인 가옥이 (건축상의 변경 없이) 기독교 회집의 장소로 사용되었다는 것이다. 2단계는 가옥교회와 domus ecclesiae(교회가 회집하는 집) 중간 단계로서 기독교 집회에 적합하도록 가옥의 내부에 선별적인 또는 부분적인 건축 변경이 생겼다. 3단계는 domus ecclesiae 단계로서 기독교 집회에 적합하게 개인 가옥의 내부가 건축상으로 완전히 변경되었다. 4단계는 domus ecclesiae에 큼직한 직사각형의 홀(aula ecclesia)이 첨가되는 단계인데 basilica의 선구자였다(basilica의 공식적인 특징 몇 가지 또는 전부를 결여하고 있기는 하지만). 5단계는 국가가 주도하여 건축된 basilica 시대이다. Cf. P. C. Finney, "Early Christian Architecture: The Beginning," Review Article. *Harvard Theological Review* 81 (1988), 334f.

245) Meeks, *The First Urban Christians*, 76: "The adaptation of the Christian groups to the household had certain implications both

for the internal structure of the groups and for their relationship to the larger society."

246) 건물로서의 성전이 기독교에 무의미하게 된 것에 관하여는 예를 들어 신약의 성전 개념을 논하는 다음의 책들을 참조하라: Gartner,B., *The Temple and the Community in Qumran and the New Testament. A Comparative Study in the Temple Symbolism of the Qumran Texts and the New Testament*, Cambridge: Cambridge University Press 1965; McKelvey,R. J., *The New Temple. The Church in the New Testament*, Oxford: Oxford University Press 1969.

247) Filson, "Early House Churches," 106: "Whenever the synagogue was closed to Christian propaganda - and this seems to have occurred early in the development of Paul's work in the cities he visited - the house church dominated the situation." Malherbe, Social Aspects, 68f.: "Paul's missionary practice was to convert entire households after his ejection from the synagogues and then to use these houses as the bases for his further activity."

248) Malherbe, *Social Aspects, 68*: "The early church did not own buildings specially constructed for its religious activities."

249) Osiek/Balch, *Families, 33*: "In these earliest years, perhaps for the first century and a half, there were probably no structural adaption for Christian worship, but rather, the adaption of the group to the structures available."

250) H.-J. Klauck, *Gemeinde zwischen Haus und Stadt. Kirche bei Paulus*, Freiburg/Basel/Wien: Herder 1992, 26.

251) Bieritz,K.-H./Kahler,Chr., "Haus III," 484: "Die Nutzung von Hausern fur Gemeindezwecke war insofern eine Notwendigkeit, als die Benutzung, der Erwerb oder gar der Bau 'offentlicher' Vers ammlungsgebaude zunachst außerhalb aller Moglichkeiten lag."

252) Cf. Stuhlmacher, *Philemon*, 74.

253) Osiek/Balch, *Families*, 35.

254) H. Weinel, *Paulus. Der Mensch und sein Werk: Die Anfange des Christentums, der Kirche und des Dogmas* (Lebensfragen 3), Tubingen: Mohr Siebeck 1915, 2. Aufl., 208 (Klauck, Hausgemeinde, 62에서 재인용)

255) Klauck, *Hausgemeinde*, 11: "Es fallt nicht schwer, sich Verfolgungs- und Minderheitssituation vorzustellen, in denen die Hauser wieder die einzigen Wohnstatten christlichen Glaubenslebens sein werden." Malherbe, Social Aspects, 68: "The early church did not own buildings specially constructed for its religious activities."

256) Contra *Banks, Paul's Idea of Community*. H.-J. Klauck, *Gemeinde zwischen Haus und Stadt. Kirche bei Paulus*, Freiburg/Basel/ Wien: Herder 1992, 26.

257) 이런 사실은 이단의 공격에도 동일하게 해당된다. 초기 기독교는 이단으로부터 집중포화를 받았다(목회서신, 요한서신 등등을 참조하라). 그러나 이단이 가옥교회를 다 무너뜨릴 수 없는 한 기독교회를 무너뜨릴 수는 없었다.

258) Judge, *The Social Pattern*, 36: "Not only was the conversion of a household the natural or even the necessary way of establishing the new cult in unfamiliar surroundings, but the household remained the soundest basis for the meetings of Christians."

259) Osiek/Balch, *Families*, 34.

260) Stuhlmacher, *Philemon*, 74: "In ihrer missionarischen Wirkung sind gerade die Hausgemeinden deshalb bedeutungsvoll gewesen, weil sie uber reine Wortverkundigung hinaus fur Personen aller Schichten einen Lebensraum in Gemeinschaft und Freiheit anboten..."

261) Meeks, *The First Urban Christians*, 76.

262) Malherbe, *Social Aspects*, 69; Bieritz/Kahler, "Haus III", 484.

263) Malherbe, *Social Aspects*, 69.

264) Stuhlmacher, *Philemon*, 74: "Hinzuzufugen ist, daß rechtlich und organisatorisch das Christentum in der romischen Welt des 1. Jh.s gerade in Form der Hausgemeinden sehr gut Fuß fassen konnte."

265) Judge, *The Social Pattern*, 35.

266) Judge, *Social Pattern*, 35: "The household, like the republic, expressed its solidarity in a common religion."

267) 더 나아가서 이번에는 역으로 가장이 기독교인이 아님에도 불구하고 가솔이 기독교인일 가능성도 있었다(롬 16:10,11). Cf. Meeks, The First Urban Christians, 76: "Furthermore, there were groups formed in households headed by non-Christians, like the four mentioned in Romans 16:10,11,14,15, not to mention the familia caesaris." 이런 현상이 일어나는 원인 가운데 하나는 가정과 상관없이 개인이 기독교 신앙으로 회심했기 때문이다(Barclay, "The Family as the Bearer of Religion", 72를 참조하라). Judge, The Social Pattern, 36은 이런 현상에서 가정 공동체의 느슨함(looseness)을 발견한다. 다시 말해서 가솔들이 종교적인 이유로 가정 공동체에서 구분될지라도 여전히 긴밀한 일원으로 남을 수 있었다는 것이다.

268) Meeks, *The First Urban Christians*, 76: "Conversely, not every member of a household always became a Christian when its head did, as the case of Onesimus shows." Cf. Barclay, "The Family as the Bearer of Religion," 75f.

269) 이에 대한 약간의 설명은 Barclay, "Family as the Bearer of Religion," 73를 참조하라.

270) Meeks, *The First Urban Christians*, 79; Weiser, "Die Rolle der Frau", 167.

271) Stuhlmacher, *Philemon*, 74.

272) Meeks, *The First Urban Christians*, 76: "... there were certain countervailing modes and centers of authority in the Christian movement that ran contrary to the power of the paterfamilias, and certain egalitarian beliefs and attitudes that conflicted with the hierarchical structure."

273) Vogler,W., "Die Bedeutung der urchristlichen Hausgemeinden fur die Ausbreitung des Evangeliums," ThLZ 107 (1982), 785-794.

274) Stuhlmacher, *Philemon*, 74.

275) Chow, *Patronage and Power*, 84f.는 고린도전서의 배후에 있는 연결 네트워크는 교회 내외적으로 많은 사람들을 포함하고 있다고 생각한다. 우선적으로 나는 Chow의 네트워크 아이디어에는 동의한다. 하지만 나는 Chow와 달리 고린도교회의 네트워크는 단지 개인적인 차원에서 뿐 아니라 가옥교회적인 차원에서 형성되었을 것이라고 생각한다.

276) Dunn, *The Epistles to the Colossians and to Philemon*, 283: "But that there could be such personal contacts again suggests regular movement among the various churches. In particular, it is also assumed here that there were close links between the churches in Laodicea and Colossae (ten miles apart)." Dunn은 골로새 교회와 라오디게아 교회 사이에 사도 바울의 편지들이 교환되었을 뿐 아니라 자신들의 인사도 교환되었다는 점에서 깊은 상호관계성을 주시한다(ibid.). 사도 바울의 서신을 교환함으로써 성립된 교회들이 상호관계에 관하여는 Dunn의 다음과 같은 설명도 설득력이 있다. "The ready implication of a close association between the churches in Colossae and Laodicea ... is further strengthened by the next instruction, which gives a valuable insight into the way communication was maintained

between Paul and his churches and among his churches"(286).

277) 이런 보고방식은 요한삼서에 잘 증거되어 있다(요삼 6절).
     참조. 조병수, "지역교회와 선교교회의 갈등," 214f.

278) 스데바나와 그의 동료들이 고린도교회의 편지를 바울에게
     전달하고, 바울의 편지를 고린도교회에 배달했을 것(Hurd,
     Origin, 49f.)이라는 점에서 그들의 중개성은 잘 드러난다.
     그러나 이러한 단순한 우편중개성에 더하여 스데바나와 그
     의 동료들은 고린도교회와 사도 바울 사이에 편지를 주고
     받게 하는 과정에서 구두로 사도 바울에게는 고린도교회의
     사정에 관하여 정보를 제공하고, 고린도교회에게는 사도
     바울의 사정에 관하여 정보를 제공함으로써 그 정보적인
     중개성을 발휘했을 것이다.

279) Cf. Malherbe, *Social Aspects, 67f.*

280) 조병수, "선교교회와 지역교회의 갈등," 216.

281) Malherbe, *Social Aspects*, 65: "... they must have contributed to
     the formation of a network by which information about churches
     was communicated. In this way they would have contributed to
     the unity of the church and to whatever continuities characterized
     early Christianity."

282) Filson, "Early House Churches," 112: "The house church was the
     training ground for the Christian leaders who were to build the
     church after the loss of 'apostolic' guidance."

283) Bieritz/Kähler, "Haus III," 485.

284) Cf. O. Bachli, *Israel und die Volker*, AThANT 41, Zürich: Zwingli,
     1962, 119: "Das Urbild des israelitischen Volksgedankens ist das
     Haus, die Familie."

285) C. J. H. Wright, *God's People in God's Land: Family and Property in*

the Old Testament, Grand Rapids: Eerdmans / Exeter: Paternoster 1990, 104.

286) J. H. Hellerman, *The Ancient Church as Family*, Minneapolis: Fortress 2001, 60: "Sibling terminology surfaces again and again in Old Testament passages that describe relationships among the Israelites and their ancestors."

287) Hellerman, *The Ancient Church as Family*, 60f.

288) Moxnes, H., "What is Family? Problems in Constructing Early Christian Families," in H. Moxnes, ed., *Constructing Early Christian Families: Family as Social Reality and Metaphor*, London / New York: Routledge 1997, 13-41, esp. 29: "Thus, kinship and nation were the same."

289) 이에 관한 자세한 설명은 Hellerman, *The Ancient Church as Family*, 59-62를 참조하라.

290) Hellermann, *The Ancient Church as Family*, 60.

291) Elliott, A *Home for the Homelesss*, 182.

292) Hellerman, The *Ancient Church as Family*, 60.

293) 예수 그리스도의 가정 이념을 살펴보려면 다음의 책을 참조하라. D. Jacobs-Malina, *Beyond Patriarchy. The Images of Family in Jesus*, New York: Paulist 1993.

294) Cf. M. Hooker, "Mark's Vision for the Church," in M. Bockmuehl / M. B. Thompson, eds., *A Vision for the Church: Studies in Early Christian Ecclesiology in Honour of J. P. M. Sweet*, Edinburgh: Clark 1997, 33-43, esp. 39.

295) 이런 의미에서 마가의 기독교 공동체가 지향한 이상은 사랑으로 엮어진 공동체였다고 말하는 것은 설득력이 없

다. Contra Hooker, "Mark's Vision", 38: "Mark's vision for the Christian community is thus of a community bound together by love".

296) G. Schollingen, "Hausgemeinden, Oikos-Ekkesiologie und monarchischer Episkopat. Uberlegungen zu einer neuen Forschungsrichtung," Jahrbuch fur Antike und Christentum 31 (1988), 74-90, esp. 75, 81.

297) J. H. Elliott, "Temple versus Household in Luke-Acts: A Contrast in Social Institutions," in Jerome H. Neyrey (ed.), *The Social World of Luke-Acts: Models for Interpretation*, Peabody: Hendrickson 1991, 211-40, esp. 228. Cf. J. H. Elliott, *A Home for the Homelesss: A Social-Scientific Criticism of 1 Peter, Its Situation and Strategy. With a New Introduction*, Philadelphia: Fortress 1981 and 1990, 195: "Membership in the household of God entails an intimate degree of familial relationship. The oikeioi of God are the 'children' of God, sons and daughters of the divine pater familias. Through the new bond of faith they are 'sisters'(adelphai) and 'brothers'(adelphoi) of the Lord and in the Lord."

298) H. C. Kee, *Community of the New Age: Studies in Mark's Gospel*, London: SCM 1977, 109.

299) Kee, Community, 109: "All genetic, familial, and sex distinctions are eradicated in this new concept of the true family."

300) Contra Kee, *Community*, 109: "The corollary of the new family identity is rupture with the actual family"(also 153ff.). J. M. G. Barclay, "The Family as the Bearer of Religion in Judaism and Early Christianity," in H. Moxnes, ed., *Constructing Early Christian Families: Family as Social Reality and Metaphor*, London / New York: Routledge 1997, 66-80, esp. 72ff.도 이와 비숫한 생각을 피력하면서 복음서에서 여러 가지 예를 제시한다.

301) Cf. C. Osiek, "The Family in Early Christianity: 'Family Values'
Revisited," CBQ 58 (1996), 1-24, esp. 4ff. 예수 그리스도는 가
정에 관한 종교적인 요구에 무감각하거나 가족의 고통에
민감하지 않은 분으로 묘사되지 않는다. 제자들과 추종
자들의 가정에 대한 예수 그리스도의 지대한 관심은 H. J.
Klauck, *Hausgemeinde und Hauskirche im fruhen Christentum*
(SBS 103), Stuttgart: Katholisches Bibelwerk 1981, 60ff.에 잘 묘
사되었다.

302) Hellerman, The *Ancient Church as Family*, 62.

303) Cf. Wright, *God's People in God's Land: Family and Property in
the Old Testament*, 110-114.

304) Hellerman, *The Ancient Church as Family*, 109f.

305) Hellerman, *The Ancient Church as* Family, 60.

306) V. P. Branick, *The House Church in the Writings of Paul*, Zacchaeus
Studies: New Testament, Wilmington: Glazier, 1989, 16;
Hellerman, The Ancient Church as Family, 99f.

307) Cf. W. Meeks, *The First Urban Christians*, New Haven: Yale
University Press 1983; K. O. Sandnes, *A New Family, Conversion and
Ecclesiology in the Early Church with Cross-Cultural Comparisons*,
Studies in the Intercultural History of Christianity 91, Bern: Peter
Lang 1994. K. Schafer, *Gemeinde als 'Bruderschaft'. Ein Beitrag
zum Kirchenverständnis des Paulus*, Europäische Hochschulschriften,
R. XXIII, vol. 333, Frankfurt: Peter Lang 1989는 이런 표현법을
좁은 의미로 이해하여 기독교 공동체를 형제 공동체로 이
해했다. Schöllingen, "Hausgemeinden, Oikos-Ekkesiologie und
monarchischer Episkopat," 82, 89는 목회서신을 바울의 저작
으로 간주하지 않기 때문에 사도 바울의 교회관에는 하나
님의 가정 사상이라는 인상을 얻을 수 없다고 주장한다.

308) 가정지침의 개념에 관해서는 나의 논문, "골로새서의 가정

지침," 신학정론 25 (2007), 377-402를 참조하라.

309) F. Laub, "Sozialgeschichtlicher Hintergrund und ekklesioligische
Relevanz der neutestamentlich-frühchristlichen Haus- und
Gemeinde-Tafëlparanese - ein Beitrag zur Soziologie des
Fruhchristëntums," Munchener theologische Zeitschrift 37
(1986), 249-271, esp. 268: "Mit Haus- und Gemeindetafel
kommen religiöse Gruppierungen in den Blick, die die am Oikos
orientierten und dann auch die gemeindespezifischen Gruppen zur
neuen Gemeinschaft der ἐκκλησία intergrieren."

310) Laub, "Sozialgeschichtlicher Hintergrund und ekklesioligische
Relevanz der neutestamentlich-fruhchristlichen Haus- und
Gemeinde-Tafelparanese," 268: "Das Neue und das spezifisch
Christliche an Haus- und Gemeindetafel sind die konkreten
Christengemeinden, deren soziologisches Profil in diesen Texten
seinen literarischen Ausdruck findet."

311) 이런 점에서 "집에 있는 교회" (ἡ κατ᾽ οἶκον ἐκκλησία)라는 표현
을 "가정마다 형성된 교회(die sich hausweise konstituierende
Kirche)"라고 번역한 Klauck, *Hausgemeinde*, 12, 21의 견해
를 반박하면서 M. Gielen, "Zur Interpretation der paulinischen
Formel ἡ κατ᾽ οἶκον ἐκκλησία". *ZNW* 77 (1986), 109-25, esp. 112
는 "가옥에 있는 교회(die Gemeinde in ihrem/seinem Haus)"
라고 번역하였다. Klauck는 전치사 κατα,를 분할용법
(distributive Verwendung)으로 이해한 반면에 Gielen은 지역용
법(lokale Interpretation)으로 이해한 것이다.

312) Pace Osiek, "The Family in Early Christianity: 'Family Values'
Revisited," 14. Osiek은 대가족이 남성가장이든 여성가장이
든 그 권위에 따라 모일 때 대다수가 자신들이 무엇을 하는
지 잘 알지 못했을 것이라고 추정한다. 종교적인 견해가 갈
리기보다는 구조적 복종체제 안에서 가정의 평화를 이루는
길을 따랐을 것이라는 생각이다. 그러나 이런 주장은 바로
빌레몬서의 상황과 부딪힌다.

313) Klauck, *Hausgemeinde*, 62.

314) D. L. Matson, *Household Conversion Narratives in Acts: Pattern and Interpretation*, JSNTSS 123, Sheffield: Sheffield Academic Press 1996.

315) Gielen, "Zur Interpretation", 118: "Daraus ergibt sich auch offenbar das gezielte Bemühen des Paulus um die Gewinnung ganzer Oikoi für den christlichen Glauben zu Beginn der Missionstätigkeit in einer Stadt als eine soziologische Notwendigkeit."

316) Branick, *The House Church in the Writings of Paul*, 18: "Most probably the conversion of a household and the consequent formation of a house church formed the key element in Paul's strategic plan to spread the Gospel to the world"; Matson, *Household Conversion Narratives in Acts*, 184: "household evangelism functions as an important modus operandi of the expanding community of Jesus."

317) W. Vogler, "Die Bedeutung der urchristlichen Hausgemeinden fur die Ausbreitung des Evangeliums," *ThLZ* 107 (1982), 785-794, esp. 790f.

318) Matson, *Household Conversion Narratives in Acts*, 187-192는 가정복음화가 이방선교를 시작/확장시켰고, 이방인들을 유대인들과 동등한 공동체 일원으로 받아들이게 했다는 의미와 더불어, 가옥을 새로운 거룩한 장소(sacred space)로 표기하게 만들었다는 의미를 제시한다. 다시 말해서 가옥은 성전이나 회당에 대조되는 거룩한 성격을 가지게 되었다는 것이다: "따라서 가족의 회심은 가족 공간의 회심을 수반한다"(191).

319) Cf. Gehring, *House Church and Mission*, 91ff.는 가옥교회가 선포와 개인적인 대화와 생활방식이라는 세 가지 차원으로 선교적 사명을 감당했을 것이라고 생각한다.

320) 물론 유대인들의 가정종교는 사회와 문화에 동화되는 것

을 방어하는 보루의 역할을 했다. Barclay, "The Family as the Bearer of Religion in Judaism and Early Christianity," 69. 그리스-로마 세계에서 오이코스의 종교적인 의미와 기능에 관해서는 Elliott, *A Home for the Homelesss*, 170-182를 더 참조하라.

321) Barclay, "The Family as the Bearer of Religion in Judaism and Early Christianity," 67-72.

322) E. M. Lassen, "The Roman Family: Ideal and Metaphor," in H. Moxnes, ed., *Constructing Early Christian Families: Family as Social Reality and Metaphor*, London / New York: Routledge 1997, 103-120, esp. 115.

323) 이런 점에서 초기 기독교의 교회론이 고대세계의 가정 공동체를 중요한 모델로 삼았을 것이라는 Schöllingen, "Hausgemeinden, Oikos-Ekklesiologie und monarchischer Episkopat,"76f.의 주장은 설득력이 크게 떨어진다.

324) Lassen, "The Roman Family: Ideal and Metaphor," 114f.

325) Osiek, "The Family in Early Christianity: 'Family Values' Revisited," 21f.

326) Schollingen, "Hausgemeinden, Oikos-Ekkesiologie und monarchischer Episkopat," 76,77은 오이코스 모델 때문에 초기 기독교에는 모나르키아($\mu ov\alpha\rho\chi\acute{\iota}\alpha$) 제도 또는 감독 제도가 도입되었을 것이라고 추정한다. 그러나 그는 이에 대한 분명한 근거자료를 제시하지 못한다.

327) 조병수, 데살로니가전서 주해, 수원: 합동신학대학원출판부 1998, 37f.